一枝獨秀 更要 團隊優秀

U0070519

比增員更關鍵的事

史淑華 著

Contents

Chap 1　創業成功的智慧

Chap 2　綻放生命奇蹟的力量

Chap3　建立堅實的保險價值觀基礎

Chap4　輔導的技巧與方法

Chap5 建立團隊，輔導系統
從一個人到一群人

融合真誠與正向力量
引領卓越保險事業

富邦人壽總經理 陳世岳

　　猶記得第一次與淑華經理的互動，是在五年前的一場讀書會上。當時，在短短的一兩個小時中，我看到淑華經理在如何培養專業壽險從業人員的訓練課程具有獨到的見解，讓我印象深刻。

　　後來，我參加了淑華經理通訊處的早會，那一次經歷給了我很大的震撼。就在我的演講之後，我發現淑華補充的內容和資料比我講的更精彩更豐富，不僅內容相當吸睛，引起了同事們的興趣，更感受到整個團隊的高度士氣。這時我才明白，淑華的通訊處為什麼每年都能夠取得出色的績效，與她的領導方式和早會帶領的風格有很大的關係。

一個好的團隊之所以能夠出色卓越，絕大部分取決於經營的主管，而淑華經理正好具備了激勵團隊向上提升的特質。此外，我們也要特別感激淑華經理的是，她用自己的親身經歷向我們分享了許多重要的人生價值觀。尤其是她曾經經歷過生死交關大病一場，我相信這個經歷改變了她的人生觀，使她全身心投入保險公益事業中。她透過這個親身經驗與許多單位的同仁分享，讓他們意識到保險的重要性。我認為，淑華經理不僅在她自己的單位分享了保險專業知識，還願意將自己的親身經驗分享給其他通訊處同仁，以推動保險公益事業，這是非常難能可貴的。

　　十三年前，淑華經理出版了一本書《贏在真誠》，她在業務推動的過程中，以真誠的方式對待客戶、對待從業人員及對待每一個人，因此，我認為淑華之所以如此成功，正是因為她的真誠態度。這與富邦向來秉持「誠信」的精神跟文化理念非常吻合；而她的第二本書與訓練輔導有關，她認為業務員光是訓練其實是不夠的，她在書裡的第一段便開宗明義地指出「正向力量」的重要性。這個理念剛好又與富邦近幾年來所強調的「正向力量成就無限可能」見解一致。所以我覺得淑華經理很傑出，一直在事業上超前部署，將富邦的文化和精髓深植到團隊的 DNA 裡，感覺淑華帶領團隊的腳步和富邦精神不謀而合。

在《一枝獨秀更要團隊優秀》書裡面所談到正向力量的輔導課程，一直是富邦過去所欠缺的。所以我相信所有同仁都可以藉由淑華經理精心的傑作從中取經，學到訓練之外的輔導；有必要的話我們也想邀請淑華經理講授輔導課程，這也是 LIMRA（專為保險和金融產業設計的訓練課程，藉此增進卓越領導能力）後半段的重點課程。如果能夠做得更扎實，將訓練和輔導結合起來，創造一個更加完整的訓練迴圈，未來大家可以朝著這個方向努力，這對於業務同仁的全面發展至關重要。

這次淑華經理出這本書，我想她的使命就是要為業務同仁創造一個不一樣的輔導模式，讓大家進一步了解，不是只有訓練，接下來的輔導才是最重要的事情。而輔導也包含傳承的理念，這也是富邦接下來很重要的工作。未來三五年內，會有很多處經理陸陸續續退休，而這些技術的傳承有必要延續下去。這本書，正好可以提醒我們處經理、同仁或主管，用輔導的方式把經驗傳承，書裡的方法都是很好的參考範本。我們很感謝淑華經理在這個時間點推出這本書，給我們一個很好的啟發！

保險的體現與見證
—— 生活即保險，保險即人生

富邦人壽副總經理 陳寬偉

對我來說，Tina 最令人難忘的一件事，就是在一場課程演講中突發重大疾病倒下。而她是唯一一個讓全富邦人壽兩萬名業務員同時一起為她禱告、祈福祝願她能早日康復的人。這個印象一直長留在我心中，如果不是長期無私的奉獻與付出，不會有大家自發性的為她祈求平安。而更重要的是，Tina 能夠走出重大傷病，演繹出更堅韌挺拔的精彩人生。一年多前，在公司最艱困最需要優秀傑出主管的時候，更是毅然決然地承擔了更大的責任。我當時本來很擔心她的健康狀況，但她卻毫不猶豫地承接了重任，這讓我感到無比的感動和敬佩。

三十多年一路走來，Tina 一直在踐行她「人生總分給付制」的價值觀。從宗教的層面來看，這樣的行為很像在積功德，不斷地為自己加分；當所積的分數越高，將來回饋到自己的就越多。不過我相信 Tina 沒有想這麼多，她只是不斷地去宣揚這樣的精神跟加分的方式，但這個信念對經營業務團隊來說卻非常重要。因為，身為一個擁有明確信仰宗旨的領導者，當自己或團隊碰到任何疑難雜症或感到任何懷疑時，就能夠回到初衷來檢視：這樣做是加分還是扣分？每當這樣做的同時，就會找到答案而迎刃而解。

　　Tina 也是一個真正體現正向力量的完美典範，她將保險貫穿了自己的人生，不論是工作、生活還是娛樂各方面，整個人生都融合在其中。她是一個全方位的保險體現者，「生活即保險，保險即人生」就是她最好的寫照。

　　Tina 在過去三十年來帶領過許多成功案例，輔導幫助了許多人，其中很多是沒有學術背景也沒有銷售技能的人。她知道如何使這些人相信保險，如何讓他們在這裡安身立命，透過她的深切輔導幫助他們在這裡成長茁壯，最重要的是，協助他們培養良好的價值觀和保險信念。其實在保險業務領域裡，業務人員的一定流動是常態，雖然有些人可能做幾年就走了，但不能因此而不好好給予優質的觀念與輔導訓練。如果能秉持讓每個曾經在這裡

工作的人，都能從中受益，吸取養分，即便後來離開到其他公司，也會帶著正確的價值觀與正向的力量而去。如此則無形中也幫助整個產業的良性循環及整體社會的素質提升，這是最棒的！

這本書《一枝獨秀更要團隊優秀》特別注重對業務同仁的輔導，並透過輔導來傳承我們最好的專業知識和技術，這是積累三十年專業與經驗的精髓，也是非常無私的分享。我能感受到 Tina「捨我其誰」的使命感，也看得出 Tina 出書並不是刻意為之，而是一路走來渾然天成，趁著講授公司課程之際，也把近年來的輔導經驗導入整合到書中，要告訴大家你為什麼要進入這個行業？你的目標是什麼？以及如何實現它？

前一陣子我剛好讀到尼采的一句話：「參透為何，才能迎接任何。」與 Tina 書裡的「理解為何，便知道如何」有異曲同工之妙。當你知道為什麼，接下來就知道該怎麼做。感謝 Tina，再一次讓我們回到初衷，幫我們再次確認保險的價值跟意義。那就是：「豐富生命價值，延續人類希望」。

誠信溫暖的好朋友

臺北榮民總醫院 耳鼻喉頭頸醫學部 喉頭頸科主任　戴世光
永信、奧森牙醫診所主治醫師　周子琪

初識淑華，已經是 20 多年前的事了！當年我們剛結婚，工作沒幾年，很震驚的遇到身邊同學生重病。在那個沒有健保的年代，初次切身感受到醫療保險的重要性，也因此促成認識保險的契機。

透過同學介紹，認識了淑華和另一組保險人員。淑華認真聆聽我們的需求，根據需要幫我們規劃了人生第一張保單。我想，是她的認真聆聽，切合客戶的需求，與她談話不會有壓力，使我們選擇了淑華。

事實上，我們做了一個超乎意料的好選擇。我們不但選擇了一個好保險顧問，更得到一位真誠的好朋友。我們在拜訪與聊天中得知彼此的近況。淑華的孩子比我們的大兩三歲，她的經驗常常給我們啟發。我們聊孩子的調皮、成長，父母的年邁、長輩的病痛 ... 等等，並從她的經驗中獲得養分，學習對年長父母的照顧、學習為孩子出國留學預做準備、學習陪伴痛失另一半的母親，甚至為自己的晚年打算……等等。

　　在鬼門關前走過一回的淑華，始終如一。我們所認識的淑華，總是溫婉親切，微笑陽光。和她相處，如沐春風，不因位高而改變；信守承諾，不因相熟而輕忽。這麼多年來，看著淑華從年輕的保險顧問一路成長，帶領的團隊愈來愈壯大，如今來到的高度，真是當年的我們無法想像；能管理這麼大的團隊，也令我們欽佩不已。欣聞淑華要出書分享團隊成長管理秘訣，非常期待。期待溫暖和煦的淑華，分享她的智慧、方法與態度，分享她造就家庭事業皆圓滿的神奇秘密。

用生命經營壽險事業

　　人的一生中，能有一群人結伴而行，成為彼此的伙伴，一起成長，是件非常幸運的事。如果這群人又能建立共同努力的目標，在前行時相互提攜與扶持，達標時刻為彼此的成就喝采，那就是十分幸福的事了。

　　一般人習慣把目光聚焦在自己身上，雖然走得快，卻沒人分享。就好像打高爾夫球一桿進洞時，身旁沒有觀眾，內心喜悅卻又帶著落寞的心情一樣。

　　保險事業成功的因素在「人」，但往往在短時間內，快速的

增員一群人進來之後，沒多久又因各種理由離開。原因就在於沒能掌握留住人才的技巧。事實上，建立團隊應該不只會增員，更重要的是學習如何把人留下來，這中間的關鍵，便是「輔導」。

以籃球為例，比賽的勝負關鍵在得分，但要得分，除了個人基本動作及投籃的準確度之外，有一項關係到士氣及成敗的重要因素，就是「助攻」。多數的運動員，除非具有過人的天賦，否則很難單打獨鬥突破對方的防守予取予求，通常需要依賴賽前戰術研討、巧妙走位及助攻來得分。也就是，確保你的隊友在最佳時機、最好的位置傳球給你，幫助你得分。假如沒有隊友微妙的助攻，即使勉強出手，也很難有高命中率。

這種理念用來說明輔導工作就變得更簡單了。**輔導的用意**就是思考如何讓業務員在輕鬆的環境中面對客戶，以及應對當前的挑戰；即使失敗，也能以學習的態度重新嘗試。**輔導的關鍵**在於如何使業務員遇到困難時，不感到挫折，而是找到解決辦法，防止他們因為挫敗而放棄。否則一旦業務員離開，不僅他們個人有挫折，團隊大失新血，對保險業的評價也會扣分。

另一個重要議題是，究竟何時開始進行輔導？實際上，輔導的開始可能早於「增員」的時刻。雖然業務員成交的工具是行

銷，但行銷與輔導絕對要併行，不能在新人加入公司兩個月後發現狀況不好了才開始進行輔導，而是應該在初次見面的時候就進行輔導。

這裡的輔導，首重心理框架的建設，主要先讓對方認同保險業的價值，願意加入，甚至在進入後，就已經看到未來的遠景及目標而全力以赴。過去保險業有些極端情況，將人增員進來後，主管常常無故缺席，讓新進的業務員一個人孤零零地坐著，整天無所事事、無所適從。等到第二天來，情況依舊如此，第三天後，他就放棄了，為什麼呢？因為他根本不知道自己要做些什麼。這是一個嚴重的問題，問題當然也在主管身上。增員及業務員的養成過程，尤其在初期，主管應該負起陪伴與安排的責任；而新人則要負起努力學習及尊重的責任。

用專業與溫度體現保險的價值

很多人帶著抱怨離開現職時，可能是對團隊的誤解，或是他個人的能力不足，單位主管卻未進行輔導。離開後不僅團隊失去新血，對產業的評價也不會太好，變成雙輸。所以，我們需要思考的是，如何使每個業務員進來之後能夠定著，即便離開這個行業，也能夠帶著笑容離開，而非心中充滿詛咒。因此，這一本書，

是針對所有從事保險行銷工作的人，在增員時就開始進行輔導，並在之後持續陪伴，讓被增員者能夠相信保險，留在保險業，甚至以身為保險業務員為榮。

然而，在速成的時代中，人們往往不願多花心思學習。在這樣的情況下，我們該如何將這麼有價值的事情更有效的傳承給業務員並呈現給客戶？如果我們不願意付出耐心的教導，這件事情將變得越來越表面化、越做越底層。這也可能是因為在我們的訓練過程中，並沒有強調啟發思考的重要，只是一味填鴨式地灌輸知識。

因此，我們需要改變主管的帶人方式，非僅僅要求業務員一直照著做。其中的**關鍵點在於培養伙伴的動機**。因此，我建立的輔導系統就是要主管以訓練的背景架構，用提問的方式讓伙伴思考正確的銷售行為成為習慣，因此更能舉一反三臨機應變，而不僅僅是主管一味地教導，因為只有這樣他們才能真正學到。

此外，我也期望輔導能夠成為一個持續傳承的系統。在我們離開保險行業後，仍然有更多優秀的人加入，並接續我們的服務。若不然，我們可能會花大半輩子的時間為別人服務，然而在我們真正需要協助時，卻未必能找到好人才來接續此行業，這將

會是一個未來可能面臨的隱憂。

令人遺憾的是，保險業務員似乎都輕看了自己的角色，許多人也並不理解保險專業的價值，這也許正是我們難以與 AI 人工智能競爭的原因之一。大多時候，人們更傾向於選擇速成的產品，認為它們相對便宜。這就好比有法律問題時，選擇自行上網尋找法律資訊，而不願花錢找專業律師。然而，少了中間的專業指導，最終可能招來不必要的風險和後果。

其實 AI 時代早已來臨。過去，當我們擁有強勢的商品，我們讓商品成為我們的利器，走了一段行銷的順境，所以忽略了商品只是用來協助客戶解決人生困難的工具，更重要的應該是如何診斷（找出）客戶的困難及盲點。

在這個 AI 時代中，如果我們只是提供商品而缺乏人的專業及溫度，恐怕我們真的會輸給機器人了。因為 AI 比你擁有更多的資料庫，反應速度也更快，我們根本難以與之競爭。然而，我們可以透過提供人性化的關懷與服務脫穎而出。這就是人與人之間真誠對待的「溫度」。

事實證明，ChatGPT 會讓「答案」變得很廉價，而正確提

問才是有價值的。

現在，面對 AI 時代的挑戰，我們應該如何履行保險業務員的角色，並做出正確的價值定位？在專業的基礎上加上人性的溫度，並成功運用及掌握人工智能的速度，這正是未來業務員的價值所在。

從事保險工作是天命

許多團隊在一段時間後由小變大，但不久後卻莫名地變回小團隊，這種情況常常與太快速獨立作業有關。不論面對各種挑戰（包括疫情或各種人為及非人為因素），如何確保團隊的成長和凝聚力，輔導系統絕對是一個不可或缺的元素。

透過有效的輔導系統，可以幫助團隊成員在個人能力的基礎上實現更大的成長。輔導的過程也可以建立起信任、互相學習以及互相支持的文化，這些都將有助於確保團隊的整體壯大更精實。

透過輔導系統的建立，也代表著我們要讓業務員深刻體會到，獲得高薪並非易事，而是必須付出相對的努力和代價。

投入輔導的工作對我來說也是一個夙願，因為我認為保險工作涉及到人的生老病死殘等議題，是最崇高的天命，並非什麼人都能勝任。尤其要協助人們購買一種無形的商品，幫助人們在關鍵時刻做出明智的選擇，這是相對困難的任務，也是一個充滿價值的事業。

對於具有天命並在保險業工作的人來說，假如能有伯樂的指導和培訓，他們將更能好好發揮自己的潛力，成就他人！這無比有價值的事業，不能因為執行過程中缺少正確的標準操作程序（SOP）而無法落實，或因為業務員不當的操作而減損了價值，所以必須確保輔導系統能夠正確且完整的執行。

這樣的使命讓我感到責無旁貸，來確保這個行業的價值不會因為未能遵循適當的標準而降低。透過正確的訓練和輔導系統，提高行業的專業水準，並提升壽險行業的價值定位。

十三年前，我出了人生的第一本書《贏在真誠》，我想傳達的就是面對人生應有的正向態度，而其中最重要的就是「真誠」。少了真誠兩字，在各行各業幾乎沒有辦法成功。如今，我的保險事業已經堂堂邁入第三十一年，而書名「一枝獨秀更要團隊優秀」正是我目前心境的寫照。

一個人，走得快，一群人，可以走得遠，而正確的系統，則可以讓一群人走得更高且更遠！團隊成長的方法，需要更多的無私與利他，需要身經百戰的教練，提供有效的技術與方法。這本書提供了系統性的方法，包括增員、訓練及輔導。從業務員到主任、襄理到處經理所需的技術，本書都能協助你學習並有效地傳遞知識和技能。同時，單位可以建立系統化的培訓和輔導流程，幫助主管們更好地管理和發展團隊。不論你現在是新進的業務員，還是開始增員的中階主管，或是以發展組織為主的業務主管，相信這本書，能提供你所有的答案。

1
chapter

創業成功的智慧

傳承優質的服務：增員的使命

在保險業務領域，想要實現長遠的發展，行銷和增員是不可或缺的技能。

行銷是我們將產品和服務推薦給客戶的過程。它不僅僅是一種藝術，更是一項技術。藝術，代表我們的態度及熱情，而透過訓練，我們可以獲得豐富的知識，了解各種保險產品、市場動態和趨勢。這種知識是我們行銷的基石，讓我們能夠對客戶提供專業建議，解答問題。

保險業成功的另一個關鍵是增員，也就是招募新的業務員。這是保險業持續發展的關鍵所在。增員的過程不是一次性的知識傳遞，更重要的是態度和價值觀的建立與分享。我們要幫助新進人員建立積極的態度，養成成功的習慣，並教導他們如何處理挫

折和困難，以便在日後的行銷過程中能更自信，也更成功。這種支持，對於新進人員在保險業的成就至關重要，也是塑造一位優秀業務員的關鍵。

公司為了業績成長，會要求業務員更積極地招募新人；同時又針對業務主管做人力的考核。然而，盲目的招募常導致新人素質良莠不齊；另外，業務主管因為怕被考核而被動招募新人，又因為主管不正確的帶領（急就章），無法對壽險行業有正確的認知並啟動夢想，新人沒多久就離開！這種週期性的增員問題不斷出現。所以我們有必要探討，我們為什麼要增員

另一個角度思考，我們最初加入保險業，是因為保險本身的價值。接著透過不斷服務的過程及經驗累積，更加確信這個行業的價值和重要，因此我們才會選擇留下來並持續發展。然而，隨著歲月的流逝，我們也發現，在不斷為客戶提供服務時，我們自己也變老了，最終也會面臨退休。此時，我們是否也期待具有相同專業和價值觀的人來為我們服務，接替我們的工作，同時確保我們的客戶能繼續得到優質的服務。

這樣的傳承，不僅僅為了他人，也為了我們自己，並創造三贏，客戶、自己及公司的永續經營。如果我們深信如此，我們將

全心投入於提供這樣的價值，而不是只關注公司的制度或考核條件，更不會過分計算個人年資及待遇所可以得到的利益，確保我們的**保單能夠得到一群更出色的人來延續，這才是愛的迴力球。**

AI 時代的來臨，或許有人認為，任何專業都將在不久的將來被取代，然而人性的溫暖卻需要透過人的接觸及溝通來傳遞。對於客戶的需求，無論是規劃還是理賠，只有「透過人」才能在理賠申請的前、中、後期得到中立且最好的理賠！不是機器人可以實現的。未來，保險業將持續生生不息並繁榮發展，這是第一個基本觀念；第二，若要持續發展，就必須培養新血，而不是只看眼前利益、制度或考核。

因此，當你看到有潛力或值得栽培的人才時，你理應引導他們加入，或許他們剛好在其他領域未能獲得肯定，何不提供一個機會讓他們到這裡發展？這種理念將幫助我們跳脫純粹計算利益的心態，從而創造出更多的價值。人才招募進來之後，公司相對地也會提供更好的訓練和輔導，來提升業務員的價值，同時也能帶動整個產業的良性循環。

我常思考，就算是面臨退休，我們應該更積極尋找合適的人才，將我們的價值觀和理念傳承下去，這樣當自己退休時，我們

的保單仍能得到有溫度的服務。因此，我們需要找尋什麼樣的人來接管我們的保單？這是現今所有業務員責無旁貸的責任。增員的目的不僅僅是一種需求、一個制度，更是在選擇適合人才的同時，正確的引導和培養他們，這樣我們的行業才能生生不息持續發展。

超越知識與技巧：
訓練與輔導的差異

　　增員一個新成員，就像是生一個孩子，我們需要承擔責任養育他們。不能只是把他們生下來自生自滅，而不關心他們的教育和成長。因此，身為一個主管，我們應該扮演養育者的角色，教導他們明辨是非對錯的價值觀。

　　關於養育，它需要透過訓練及輔導的過程才能逐漸茁壯，而這是截然不同的技術，必須循序漸進，不能混為一談。一旦掌握了這兩樣技術，接下來的步驟就是建立一個有條理的系統，及有效的檢核點，以便在日常的過程中實際操作。接下來的章節，我將會一一拆解這些技術。

　　訓練和輔導是兩個不同但相互補充的系統，在培養成功業務員的過程中扮演著不同的角色。

訓練（Training）是一個結構化輸入的程序，用來傳遞特定的知識和技能。它通常架構在固定的內容中，以確保學員獲得保險業相關知識，包括商品、行銷技巧、案例分析等等。訓練可以有明確的目標和成果，通常也有相對應的檢核工具來測試學員對所學內容的理解程度。

輔導（Coaching）則更強調個人成長、發展和實際應用。輔導是一種人格特質的指導過程，強調的是學習者的自我探索和自我提升。它關注的不僅僅是知識和技能，還有態度、信心、習慣及價值觀的建立。輔導強調教練和學員之間的個別指導，並根據學員的需求進行調整。輔導也是一個持續的過程，可以幫助學員在實際情境中應用所學，並藉以培養正確的態度及以客戶需求出發的習慣。

輔導要加上「團隊」的概念，才能帶到輔導系統。若能透過團隊輔導業務員，就能避免主管及業務員間一對一的主觀及預設立場，達到更客觀並複製學習的效率。

訓練和輔導在培養個人能力和發展方面各有不同的角色。正確的輸入知識及技能並不斷透過輔導系統養成良好習慣，在培育新人的過程中，不能混為一談。

就好比管理和領導是截然不同的層次。管理是黑白分明，而領導卻處於灰色的區域，因為百分之八十的人事物問題，不一定有絕對的黑或白。因此，管理必須具有明確的界限標準，但領導往往涉及如何贏得人們信任的論述能力。事實上，黑與白沒有絕對的標準，常常取決於個人立場和認知的角度。

同一件事情可能因為立場的不同而呈現不同的黑白觀點。在我的經驗裡，我們面對的事情中，大部分都處於灰色地帶，並非絕對的黑白。但如果有人堅持個人的觀點，不願意妥協，這就需要我們去協調。因此，我們需要在多數人的利益下尋找黑白，正因為大部分是灰色的，所以我們是否能夠容忍一點黑，並且不要一味堅持白，這就是領導的藝術，相對而非絕對。

假如一個人的信用存款高，他就能獲得較高的公信力。然而，如果一個人缺乏誠信，在論述的過程中，就不容易找到同頻及共識。

在單位裡，我並不是一個只為了討好同仁的「爛好人」主管。對於正確的事情（多數人利益），我會堅定立場，不容許得過且過。我的團隊都知道，我是個是非分明的人，如果一件事情並非多數人利益，我會毫不猶豫地指出來，直接告訴大家這是不

對的。**正確的價值觀是以「利他」為本。只要是有益於多數人的，都是正確的**。然而，利他並不僅僅是表面上的「我是為你好」，而是基於社會的良好風俗和道德準則。因此，在增員或合作過程中，我們的目標不應僅僅是個人的利益，也不僅僅是公司的利益，而是確保所有相關方都能夠從中受益。

　　理解了這個概念，當你把人增員進來後，就不會將他們丟在一邊不管。就像父母高興地迎接新生兒一樣，重點不在於生命的誕生，而應該著重在養育的過程。你會給予正確的價值觀，並提供技術及輔導等因應外面世界的所有能力。如果不思考生產之後的教育問題，絕對無法成為出色的父母，就像動物只會繁殖，將來只會衍生出許多社會問題，這也正是人與動物之所以不同的理由。

　　因此，生育的重點在「育」，而非「生」。這個觀念適用於領導團隊的過程，需要在帶領新成員的過程裡，盡責培育他們，確保他們能夠成長發展，這就是領導。

通往財富的捷徑：
CASH = KASH

　　再次強調，輔導和訓練是兩個不同的概念，很多人錯誤地將輔導與訓練混為一談。有一個簡單的原則，那就是「CASH=KASH」。這個公式正好可以說明輔導與訓練的區別，也是實現財富的道路上，關鍵的要素和價值。

K：知識（Knowledge）

　　知識是力量。它是關於保險產品、市場趨勢和保險及金融相關法規的了解。訓練提供了這些核心知識，讓你能夠更自信地與客戶溝通，解答疑問並提供專業建議。

A：態度（Attitude）

　　正向積極的態度是成功的基礎。輔導著重於培養正確的態度，包括正向、自信、耐心、堅持及勇敢接受問題……等等的能

力。這種態度不僅影響你的工作，還會影響你與客戶之間的關係。

S：技術（Skill）

技術是知識的實際應用技巧。這包括銷售技巧、溝通能力和客戶關係管理等。通過訓練，你能夠精煉這些技能，使其成為你成功的工具。

H：習慣（Habit）

習慣是堆疊而成的。正因如此，累積堆疊出好或壞的習慣，非常關鍵。成功的業務員往往有一套穩定且好的工作習慣。輔導有助於累積這些好習慣，如時間分配、持續學習和客戶跟進。這些好習慣將有助於提升業務員的工作效率和專業水準。

若我們把 KASH 拆開解釋，K 和 S 是屬於訓練面，而 A 和 H 則是屬於輔導面。成功不僅僅要知識和技術的傳授，更與良好的態度和習慣的培養密不可分。當你具備了這些要素，無論是在哪個領域，這個公式都將為你指引出一條通向成功和財富的道路。

訓練和輔導並不是互相取而代之的概念，而是相輔相成的策略。這兩者共同支撐著我們在保險業成就出色的業務表現。這個

概念極為關鍵，也是我三年前啟動輔導系統的主要原因。

　　輔導需要付出心力，一旦建立好初步的基礎，人們將擁有良好的習慣和態度。而不是在初期一味地灌輸知識訓練，最終卻發現人們偏離正軌，成為**業績怪獸**。以利益為主或績效不彰的業務員，多是因為思維錯誤，卻未被正確矯正而養成不好的習慣所導致。很多保險單位的思維，都誤將訓練和技術放在首位，需要重新調整順序，把建立正確的觀念及心態列為優先，這點非常重要。

　　首次與客戶會面之前，我們必須清楚地知道自己的方向（角色），在協助客戶購買的每個階段的檢核點有明確的掌握。例如，在與客戶初次談話時，我們應該明確知道自己要達成什麼目的（協助客戶找到人生困難），而不是草率地尬聊。尬聊的原因在於你沒有明確目標，為什麼有些銷售人員在與客戶交談了十幾次之後仍然無法確定客戶的目標（困難）？這是因為你缺乏人生需求檢核點。實際上，在初次面談時，你應該詳細了解客戶的目標，以及他們的準備情況。這就是「WANT」（正面對的擔心或想要）減掉「HAVE」（已擁有準備）等於「NEED」（需要補強的方案）的概念。（WANT-HAVE=NEED）

如果你始終未與客戶談及他們的目標（面對的擔心或夢想），只一味問他們準備多少錢購買保單，那麼客戶便不知道為何要購買並強烈有被推銷的感覺，你必須確保在談話中明確提及未來性及目標，進而了解他們已經擁有的準備情況。例如，當你面臨疾病或意外時，需要怎樣的醫療保障？為何擔心？為誰擔心？只有清楚了解客戶的目標後，才能進一步評估他們的準備是否足夠。如果健保無法讓他們安心，那麼你的任務就是幫助他們補不足。就如同生病時是去找醫生看診和直接到藥局買藥的過程是截然不同的。

建立好習慣的第一步

現在的年輕人往往缺乏對他人真誠的關注，可能是因為在成長過程中並沒有得到足夠的教導。舉個例子，我注意到在兒子十幾歲時，也就是人格發展最重要的階段，男生通常會比較害羞、缺乏自信，不敢正眼直視對方，然而這對他們的人際關係會造成極大影響。在這個時期，如果我們能以正面的方式引導他們，幫助他們建立自信和表達能力，尤其訓練他們的眼神要注視著對方說話，這對他們未來的人際發展將會有很大幫助。

我提醒並訓練兒子，在和我說話時要保持目光接觸，我也承

諾會專心聽他說話，絕不分心轉移視線。透過這樣的方式，我希望教導他正確和人溝通的方式。透過練習，他漸漸學會也接受這個技能，增強了自己的表達能力。

如果我們不及早觀察並給予指導，一旦錯過時機，可能會因缺乏自信而選擇閃避眼神交流，對人際互動將有阻礙。因此，教導年輕人建立良好的溝通技巧，養成良好的溝通能力的習慣是最基本、也是必備的特質之一。

老闆與老師，傻傻分不清

　　許多業務員常常逗留在辦公室整天，遲遲不出門，因為他們誤以為只要到公司打卡就叫上班，搞不清楚誰才是他們的「老闆」。

　　這些業務員可能不太了解自己的工作性質，以為自己是「站櫃」的業務員。所謂「站櫃」業務員，指的是只要等待客戶前來，而不用主動尋找客戶。

　　不同類型的業務員工作方式當然也有極大的差異。假如你是有固定底薪的業務員，那麼你的工作就像「站櫃」一樣，因為你已經有基本保障，不需過於擔心是否有客戶主動前來購買，只要耐心等待，介紹商品然後進行銷售。然而，對於沒有固定底薪的

業務員而言，情況則截然不同。

因為，你並沒有底薪保障，因此不能只是坐著等待。你必須主動去尋找客戶，積極行銷你的產品或服務，以確保你的業績及收入。假如你希望增加收入，更需要不斷提升自身的銷售技能，以因應不同的客戶需求。這種積極主動的態度，對於無固定底薪的業務員至關重要，因為他們必須自己創造機會，而非等待客戶主動上門。

有一回，我們邀請了一位講師來單位演講，講師問了坐在底下的伙伴：「誰是你們的老闆？」大家就異口同聲的說：「Tina姐」，講師說：「不對，Tina姐是你們的老師，不是老闆；『**有付錢給你們的才是老闆**』」。這個話題引發了我們的思考。

對於沒有底薪的保險業務人員來說，所謂付錢給我們的人，就是我們的客戶，所以，客戶才是業務員的老闆。那麼「Tina姐」又是誰呢？她是你們的老師，她教你們如何約見到「老闆」，同時，也教你該如何與「老闆」交談，如何有效地與「老闆」溝通，如何成交增加收入，這就是老師的工作，也正是主管的角色。

你可以問問自己，誰才是你的老闆？

對於保險業務員而言，客戶才是真正的「老闆」，因為只有客戶才能為你帶來業績及收入。所以工作行程中，有沒有安排與客戶見面？在每日的行程裡，有沒有安排很多很多的老闆見面。這就是一般業務員與傑出業務員的差異了！

對一個沒有底薪的業務員而言，他們的「老闆」實際上就是客戶，這種理解將鼓勵他們主動出發，積極尋找賺錢的機會。而「老師」的角色就是主管，是教你如何與「老闆」見面，也就是如何與客戶有效互動，以提升他們的業務效率和收入。

建立正確的認知，突破業務的困境

如何調整思維，將「老闆」的角色理解為付錢給你的人，也就是客戶。這個思維轉變可以影響你的行動，有助於你更好地發展業務，建立穩固的客戶數量。

在你的日程中，你是否有安排見「老闆」的時間？如果你沒有安排，那麼你如何確保獲得報酬呢？

這個思維也將改變你在行銷業務的推動。如果你在每週的一開始未能達到目標，你可以反問自己，上週你與多少位「老闆」

進行面談？

　　選擇進入保險行業時，通常都抱著期望能夠自主經營，像一個創業者一樣。你必須對於這個行業充滿熱情，而老師的責任是確保你學會當一個創業者的關鍵技能。因此，在你進入保險行業時要接受訓練，包括保險相關專業知識；然後你會開始尋找「老闆」，這是你的目標。然而，在尋找「老闆」的過程中，你可能會發現實際操作與理論有所不同，這時你就需要回到老師身邊，進行進一步的指導和糾正。

　　找老師的過程分為兩個階段：**首先，你會受到教育，由老師提供專業知識。其次，你回到老師這裡以獲得更進一步的指導，我們稱為「輔導」。**簡言之，當你有了目標後，你會進行兩個階段的過程，首先是學習，然後是進一步的糾正。這個過程將幫助你更好地理解如何與「老闆」（客戶）互動，並使你在業務工作中更具競爭力。

　　因此，訓練和輔導絕對是兩個不同的階段及能力。如果你的動機一直存在，而且隨時得到老師的指導，並不斷地回來接受矯正，就能夠持續不斷地進步。

我認為，在業務領域中取得突破的關鍵是，你對「老師」跟「老闆」是否有正確的認知。真正的老闆並不是所屬公司的經營者，公司僅僅是提供技術支援的地方。當然，如果你是公司有提供底薪的業務員，你的工作積極性可能不會太高。這是因為你有底薪的保障，無論客戶來不來，你都可以「耐心等待」。然而，如果你沒有這種基本保障，你又怎麼能夠持續等待？

　　在沒有底薪支持的情況下，業務人員需要更積極地尋找客戶創造收入。這種觀念一旦想通了，不僅適用於壽險業，對於任何沒有固定底薪的業務員來說，都需要業務人員不斷地尋找機會，進行銷售和建立關係，也能創造沒有地板當然也沒有天花板的高收入。

你在創業？還是打工？
—— 保險業的真諦

　　我們常說「富不過三代」，但貧窮往往超過三代。為什麼貧窮這麼容易代代相傳？

　　在讀書會時曾經閱讀過一本書，探討了《貧窮的本質》。過去我們總是關注財富的原則，如何鍛鍊心智，靠心態致富，但這本書讓我們從不同的角度思考分析，研究證明了貧窮的本質，是窮思維的複製。

　　也就是說，這一代的貧窮，是因為複製了上一代的貧窮思維及行為，例如習慣入不敷出，花費總是超過收入，會導致貧窮的傳承。除非家裡出現一個完全逆思維的孩子來改變這種行為。否則按照窮父母的思維邏輯，終將走向貧窮，一代傳一代。

　　有些人即使收入不高，但卻要求很高的生活品質，可能因為

父母提供了足夠的資源。但如果你這一代的收入增加不多，累積的財富相對少於來自你的父母所有的，到了你的下一代，你的小孩儘管並不匱乏，但可用的資源已經相對減少，一樣的邏輯到了第三代，資源就更少了，依次遞減，也就是富不過三代的道理。

台灣雖然有許多世界看好的產業，但是並不是身在其中的每個人都能雨露均霑的享受豐碩的成果。事實上在台灣生活並不輕鬆。如果你不自力更生，環境是否真的能夠培育你？這也是為什麼近年來有許多新創公司出現的緣故，因為他們看見台灣大環境的不足，只能仰賴自己的智慧及努力開拓不同的領域。

再談到貧窮，我們真的不能忽視這個問題。之前我們談到貧窮的思維或行為會讓貧窮代代相傳。大環境的改變也是不可抗拒的原因之一。四十年前台灣尚能頂著亞洲四小龍的光環與優越感，如今也許是待在舒適圈的時間太久了，久到孩子也缺乏更廣闊的世界觀，大家甘於待在舒適的地方不再關心國際的發展，與此同時，許多新興市場國家卻成等比級數的成長，各方面都超越台灣。你認為台灣的前景仍然如此美好嗎？你是否也曾為台灣的現狀感到擔心呢？如果不付出努力，將來我們的下一代會不會也得到其他國家付出努力工作，成為別人的外勞。

我常跟業務員說，**你們已經選擇了創業的道路，但是卻用傳統上班領固定薪水的思維在面對創業**，怎麼可能全力以赴？又如何在面對挫折與挑戰時仍然熱情面對，堅持做正確的事？因為貧窮的思維會讓你永遠覺得安逸且足夠，不會去學習，也不會付出努力。而且這樣的思維會從你的這一代傳承到下一代，代代相傳的結果，社會問題就會更加嚴重。

　　要改變這個現象，我們必須以創業者的眼光思考，培養積極、創新的思維模式。畢竟投身保險事業就已經在經歷一段創業的旅程，積極進取、不斷學習、主動出發，以及持續努力，都是取得成功的關鍵要素。

蛻變之路：
追求成功的堅定決心

許多人喜歡談蛻變，經常讚賞像彭于晏、蔡依林這樣的成功故事。但怎樣算是蛻變？就是要有 before 跟 after 的比較。

舉個簡單的例子，如果你很想去某個地方，但你的雙腳無法行走，你會怎麼做呢？找人搭便車，坐直升機？不，這個例子是假設只有你一個人，身邊沒有任何輔助工具，你必須想盡辦法到達目的地。相信你一定會用上雙手來幫助腳～爬著到達！

你會問，用手爬行不就像動物一樣嗎？

是的，你原本用雙腳行走，但因為迫切想要及實現目標的重要性，你會不得不改用四肢前進。當你願意改變姿勢變成可能被人笑話的模樣，代表你真的非常渴望達到目標不惜犧牲色相；如

果你沒有這種決心，而堅持只用雙腳，就看不出你有多麼想要蛻變？

這是從我母親那裡得到的啟示。

在我住了幾十年的老家，沒有電梯只有樓梯，母親每天得爬樓梯到四樓才能到房間。但近幾年，因為她的膝蓋慢慢退化，我們建議她換間房，但她卻堅持不搬，因為這個房子是她和父親一起買的，對她來說意義非凡。不換房的結果，也逼得她走路的動作已經開始改變。每次她要上樓，都得用「爬」的方式才能勉強上樓梯。母親平時可是位優雅的女性，但為了上樓，她卻也得改變姿勢才可以到達目的地。

所以，當你下定決心要達成目標時，你必須願意改變姿勢。你得願意放下原本的尊嚴及堅持，「蛻變」就是需要這種堅定的決心。

在沒有其他選擇的情況下，你是否仍然堅持只使用雙腳？難道你不會將雙手變成輔助工具嗎？這個姿態不就代表從人類變回動物了嗎？如果你能變成動物，也就證明為了目標，你願意付出一切。因此，我認為如果你的決心還沒有到「願意把你的雙手

當作雙腳來輔助行走」，談蛻變只是在欺騙自己。

　　每次在頒獎典禮上看著台上的得獎者，我都會對伙伴說，你有沒有注意到領獎的人，是否覺得他們很了不起；同時又想，明明自己也跟他們一樣辛苦啊，為什麼別人能夠得獎，我卻不行？但實際上，你可能沒有看到他們變成動物的過程，因為你的自尊心那麼強，自卑感那麼重，而且總是堅持用雙腳走路。但那些得獎的人，他們在追求成功的過程中，卻可以用手爬行前進贏得勝利，這就是蛻變。**因為他們有自信，所以隨時可以彎下身段**，他知道頭過身就過，只要熬過這關，就能鶴立雞群與眾不同。

　　在成功的道路上，你可能需要變成一隻動物，放下面子和尊嚴，尤其在銷售保險領域，更是如此。當你下定決心必須成功時，你是否願意放下自尊，是否願意用四肢前進？因為在成功之前，所經歷的都只是皮肉傷而已。而蛻變，就需要這麼強大的決心。

2
chapter

綻放生命奇蹟的力量

「人生總分給付制」：
為人處事的智慧準則

　　人生在世，必須建立起自己的一套廣泛適用、正確無誤的價值觀，以指引我們的人生方向。這樣我們在順境中不會變得自私驕傲，在逆境時也能堅定不移，不退縮。這樣的價值觀並不受特定宗教信仰所影響，卻是普遍的真理，如同指北針一樣，總在至高點為自己指引前進的道路。對我而言，「人生總分給付制」即是這樣的信念。

　　「人生總分給付制」的理念在於相信每個人都擁有屬於自己的人生計分手冊。我們所做的每一個行為都會為自己的人生加減分數，所以不僅可以為了他人，更可以為了自己人生分數成長的指標。因此，我會扮演好人生中的每個角色，因為人生中大部分的角色都是自己的選擇，為自己的選擇負責任是加分的基本原則。

我深信只要本著分享與「利他」之心出發，正向的結果也會回報到自己的人生手冊中。所以，我工作中的所做所為總希望能超越個人利益，全心全意為了團隊成員的發展與定著，付出最大努力，以確保沒有人會對進到這個行業感到後悔或不滿。假如我未能盡自己的本分，我的「人生總分給付制」便會被扣分。這樣的想法，導致了雙贏的結果。

　　「人生總分給付制」是我個人的價值觀，我把人生比喻成一本「T字帳」。我相信每個人都擁有自己的「T字帳」，左邊代表命中注定的結果（分數），可能是八字；右邊則是每天選擇的行為。許多人過於強調「命」，認為命運早已安排，我們無法左右。但我更相信「運」可以自己掌握，所以每天我都在各種角色中竭盡全力來運命，用正向行動為自己增加分數。

相信的力量

（不可控）

（可控）

相信人生是可控而非不可控

　　在人生的每個角色都利他出發，我會感受到「利他」的成就感，若能不斷「利他」，則我的分數就會持續增加。反之，當我做了不好或自私的行為，分數也會被扣除。如果正分累積越多，你就會感受到自己的命運越來越好且在你的掌握之中。

　　以利他出發，是因為這個分數並不只代表個人的主觀行為，更多時候自己會因為他人的行為而讓自己被加分或減分，例如我們幫助別人，又例如我們陷入貪婪、執著、嫉妒，我們的正分也會因此而遞減。

Chap2

普世價值觀裡，我們都知道應該做好事以增加分數，但實際上卻常常因為小事或別人而被激怒，例如面對業務員遲到就生氣，在接下來的時間裡擺出不悅的表情甚至不問原因就責罵。遲到是有其原因。理性上應該先去理解，但情感上卻因為直接的反應，而被扣分。

我們都知道，若無正當理由的遲到是對方會被扣分的行為，但我們為什麼要因為他人的行為而被扣分呢？

所以 T 字帳得分除了來自於「利他」，另一個就是「自律」，就是管理自己的情緒，約束自己的行為。不管扮演生命中的哪一種角色，影響力大或小，都不應該過於自傲，這只會導致自己被扣分，得不償失。

命運的轉折

十三年前，我差點因為腦動脈血管瘤破裂而離開。所以當出版社找我出書時，我內心並不確定該寫些什麼內容。然而，當我將「人生總分給付制」的概念分享給主編，意外地，這個概念成了《贏在真誠》的主軸。

實際上，在腦動脈血管瘤破裂之前，我已經開始在全國各地分享「人生總分給付制」的概念。我相信我的命所以能被救回來，也是因為我堅信這一個理念。我告訴大家，我們有時會做出不好的行為，但這不是我們本性的體現，而是因為別人的刺激。當你看到別人的行為，卻被激出很多情緒：羨慕、忌妒或貪心，結果搞得自己也很不堪。因此，我熱情地到處分享這個觀念，期待總分給付的觀念能讓自己因為別人加分，而不是扣分。

　　因此掌握以自己正向思維出發，人生更應該會是正分的，T 字帳的右側會一直正分，我們的運就會累加，我們的命也會更好。

　　我並沒有特定的宗教信仰，但生病後，在因緣際會下分別接觸了不同的宗教，然而我發現，大部分宗教的教義實際上是相通的，只是一條是通向天堂，另一條通往輪迴，但都是希望引導人們以利他正向出發。所以，若把整個生命看成「人生總分給付制」的概念，好好掌握自己的「T 字帳」，這樣我們的命運就在自己的掌握中。因為我們不斷地在累積「利他」的分數，使我們的命運更趨於美好。不論我是一位母親、一位妻子，還是一位管理者，亦或是一位保險從業員，我都會思考如何在不同的角色中實現利他，從而建構出一個正向的「T 字帳」。

Chap2

自從我理解了這觀點後，我就比較不再因為他人的行為而被扣分。我強烈地堅持著這個觀念，因為我知道「T字帳」由我主宰，如果我做了不好的事情會被扣分，並不利於自己的命運。這樣的理念使我能夠保持紀律，不讓負面行為影響我的生活。

透過「人生總分給付制」的理念，我明白自己的情緒及心情，掌握自己的行為，進而影響著我的命運。

將主管角色，融入「人生總分給付制」的輔導

身為主管，我們應該如何運用「人生總分給付制」的觀念利他出發，幫助新進的業務員在面對客戶時不再害怕拒絕，並努力學習不怠惰。這不僅僅是口頭上的鼓勵，而是一種以身作則的帶領。因為有時候，不當的鼓勵反而會產生反效果，就像一個人不願意走，卻被一直拉著前進，一旦失敗後，他不僅不會檢討自己不好，反而會埋怨推動他的人。

多年來正因為我深信這個理念，在工作表現上時常得到應有的肯定，甚至超乎自己的期待晉升。我的晉升可能是因為業績出色，或者是因為我成功地帶領了團隊。無論如何，我不能辜負我的團隊成員。我的起點是，身為主管，我必須協助團隊成員達

到他們的人生目標，為他們做最好的安排：因為我要協助他們成功，所以我必須具備並提升技術和輔導的能力。我希望我的團隊成員不僅能賺錢，還要賺到更多的人生夢想。這個理念促使我在工作中充滿了企圖心，迫切地想要將這套技術傳授給他們，這就是輔導系統。

然而，在輔導的過程中，光是掌握技術是不夠的。當業務員遭遇挫折時，他們還需要有正確的心態才能克服困難。因此，輔導包括了技術和心態兩方面，兩者是相輔相成的，所以我們所扮演的是一個教練的角色，為他們提供指導。更甚者，還要將輔導技術和行銷結合在一起，教導業務員如何提升自己成為一位優秀的教練。

真正的「利他」，展現無我境界

最近我有一個領悟，特別是當很多人都開始在談論「利他」，甚至連里長選舉都強調這個概念時，這個詞語又變成了一個口號，失去了深刻的意義。舉例來說，當你每次表達完一件事之後，如果追求的仍然是「我希望結果可以怎樣……」，那麼，你其實想到的還是「利己」，所謂「為了別人好」的說法只是口號，是包裹在「利己」外面的糖衣。

事實上，「利他」的最大詮釋就是「無我」，這才是它最深層的含義。

　　如果你的出發點還是基於「你」自己的期望，那麼這就不是真正的「利他」。實際上，「利他」就是「無我」，只有當你摒棄自我之後，才能真正實現「利他」的精神。如果在「利他」的過程中還存在著自己，那麼這不是真正的「利他」。

　　現在我們聽到的「利他」往往是在追求個人利益之下的附加價值。大多數人是因為，想要實現自己的利益，所以勉強去利他。其實一件事情的圓滿，最終目標應該是達到雙贏或三贏。如果沒有將「利他」作為出發點，你很難達到三贏。這像是一個令人困惑的賽局。因為你會以自己為中心，在這樣的出發點之下，是無法讓對方也獲得成功。利他的關鍵在於，不能將自己置於首位，這樣才有可能達到雙贏或三贏的局面。

輔導系統的建立

　　很多人問我為什麼有這麼多輔導的技能和知識，我回答說，是因為我每天都在追求突破，要如何才能成功帶領伙伴提升銷售收入，因為不想讓我的主管角色扣分。我深知我應該要做什麼，因此我成為主管的第一天就開始思考，這個角色應該給予他人什麼利益。一旦我明白利他的要點在哪裡，我就知道該如何做了。因此，如何才能真正幫助團隊伙伴，就成了我事業的核心關注點。

先行銷還是先增員？

　　許多人在晉升為主管後，因為帶了新伙伴，經常面臨時間分配的問題。因為新人一入行是以行銷收入開始，但晉升後，除了要顧及自己的行銷收入，還要顧到新伙伴的收入，同時面對銷售、增員及訓練輔導的時間排擠問題。

因此，我們需要花一些時間來討論業務員晉升主管的過程，該如何分配自己的時間，才能兼顧自己及新人的績效。

　　在組織發展的過程中，「箱型時間管理」是一個相當重要的技術。因為越高階的主管角色，代表有更大的影響力，並影響更多人，當然會有更多的責任及付出。

　　所謂箱行時間管理（Timeboxing），簡單說就是一種結合「待辦清單」與「行事曆」、並結合人生目標為導向的時間管理策略。其方法是一旦設定目標，就必須專注地在特定時間範圍內完成任務，幫助我們提高生產力並減少拖延。

　　隨著不同職位的升遷，你的時間管理策略也需隨之調整。調整的依據則牽涉到自己的目標設定（包含收入目標及組織規模的實際考量），不同的組織規模可能影響收入的多寡，當組織不大時，自己銷售的時間是一定要的。但隨著組織規模越大，位階也越高時，市場銷售已不是為了增加自己的收入，卻轉成為以輔導新人的水溫及共同點為主了（「水溫」指的是業務員與客戶維持的關係溫度最好在六十度，「Chap4 輔導的技巧與方法」有詳細闡述）；因此團隊輔導系統加上箱型時間管理在此時便可以發揮最大的效益。

我強調系統化輔導的重要性，是因為這能夠成為主管們互相協助的有力工具。**有了系統，無論哪位主管在進行案件輔導時，都能遵循相同的流程，實現「低度管理原則」**。這樣的系統可以確保輔導的一致性，而不僅僅是個別主管的能力所限。透過團隊輔導系統，我們可以強調對於輔導的重視，同時也能夠更好地運用技術。

建立輔導系統的初期需要投入時間來學習。我在工作中，特別是在每天例行的早會前，都會與我的團隊一起建構這個系統。這個過程是持續的，因為我們要確保業務員被輔導的過程中，為他們提供一個明確的架構，啟發他們的動機並協助他們養成銷售前、中、後的事前準備習慣。

在這個系統中，我們會提供地圖和流程，幫助團隊成員了解在銷售的每個階段應該如何進行，並掌握銷售的節奏，將其應用到實際工作中。

很多單位常見的問題是，當業務員晉升為主任後，必須面對增員的挑戰。然而，許多業務主管可能並不具備帶領和培訓新人的能力，所以即使成功招募了新成員，卻無法有效地教導和輔導他們，導致自己陷入一片混亂中且影響自己的績效及收入，這對

整個團隊而言都是相當嚴重的問題。

學習有系統，成功能複製

我們的團隊之所以能夠實現傳承，是因為我們建立了一個團隊輔導系統，而不僅僅是因為進行了訓練。這個系統能夠為我們團隊建立起共同的語言和準則，並提供可行的架構，就像增員，只要有了系統，任何人都能按照同樣的步驟執行。這就好比麥當勞的模式，不斷成功複製出每個分店都能生產相同的服務、相同的產品。所以，有了系統，才能在維持品質的狀態下不斷傳承及發展。

不過，即使有基本的架構，未來能否持續精進，還要取決於業務員是否有足夠的拜訪客戶數量及勇敢面對銷售的決心。

當團隊伙伴及主管透過輔導系統而成長，並預見壽險業的美好前景時，我不禁產生了一個念頭，想把我這幾年來用心培養的一切傳承下去，包括我的信念、我的價值觀以及行銷與輔導的專業技術。對我而言，傳承是現階段最重要且最有價值的事情，因為三十年來，是保險這個行業孕育了我，讓我由平民的視野提升成全人的視野。我之所以能夠有今天的成就，完全來自於保險事

業給我的歷練跟栽培。否則我可能只是個平凡的家庭主婦或職業婦女，選擇安逸地度過一生。

然而，我現在深切感受到自己擁有一定的影響力。每一句我說的話都蘊含著一定的價值和分量。當我與人溝通，包括家人、母親、孩子和配偶、團隊伙伴和支持我的客戶及朋友，我的話，似乎都能在他們心中引起一些正向的變化。我非常珍惜這些特殊的感受，因為我並非天生的行銷天才，而是壽險行業培養出來的地才。因此，我相信這些經歷是可以被複製，並讓他人改變的，讓每個人都能有翻轉人生的機會。

我相信每一件事情都一定有正向的一面，這已經成了我的思維習慣。例如，在我們要尋找停車位時，我的丈夫可能在三個路口前擔心「等等停車會很困難，你先下車吧……」，但我卻深信一定很快能夠找到停車位，結果正向思考總是帶來正向的結果，不久停車位就找到了。當然為了要避免困難的出現，我也會為這個困難提前找到預防的方法，而不是悲觀的等待困難如預期地出現，譬如，下次要提找出門，而不是窮擔心卻毫無對策！

大多數人在面對困難時，並沒有真正下定決心要克服它。遇到阻礙就先做最壞的打算，傾向於對自己說「這是不可能的」

Chap2

「一定不會是我」。最新的研究也證實了大腦的確就是這樣運作的。絕大多數人對待事情都持悲觀的態度，只有極少數的 20% 到 30% 的人總是看到事情的正面。

但我的思考方式是，當你已經預見可能出現的困難時，為什麼不能同時為這些困難做好解決方案的準備呢？

明明知道世俗眼光中的保險業，有些人可能會看不起或不認同，為何你不事先準備好展現自己專業的具體表現呢？明明知道初次跟客戶談保險，對方可能會為了拒絕被推銷而說不需要，或因經濟狀況拮据等等理由，為何業務員卻不提前為應對這些情況做好準備呢？

我認為，越悲觀的人，要做的準備越多。若你始終保持樂觀態度，理論上可能不需要太多準備，因為成功已是定局。然而，由於你對事情保持悲觀的看法，就像八十％的人一樣，讓這種心態滲入你的思維，因此，更應在面對困難時，事先做好充分的準備，才能克服這些困境。

成功是可以複製的，環境對人的塑造影響之大，所以我希望帶來可複製的希望，無論是行銷與輔導的專業技術或是正面積極

的堅定信念，期待能創造保險事業的正向價值。

夢想實現的代價

每年七月是旅遊的旺季，同時也是業績比較停滯的時候，因為很多同仁在暑假時會想要陪伴孩子，自然也就無暇兼顧業績。於是早會時我在台上寫下「出國是你的夢想嗎？六十五歲退休是你的夢想嗎？」因為出國絕對不是臨時規劃，而是需要提前一到兩個月，甚至是一年前就開始計劃旅程。那麼當時你有沒有同步想過，為了實現這些夢想所應該要有的開銷，在規劃出國旅遊行程的同時，也為開銷（旅費）的來源做準備及計畫。

如果你已提前為旅費做準備及計畫，你便可以隨心所欲的用自己的錢圓夢。但如果你並沒有提前規劃，代表你預支了別人的錢，這包括你原本應該給父母的孝親費、給子女的教育費，甚至是你未來退休要使用到的錢。當你提前使用了這筆「應付帳款」，會不會導致你原本應付的責任受阻？考慮到你的父母、孩子，你本應支付給他們的費用是否會因為你的預支而受影響？

夢想的實現肯定會有代價。不提早準備，正是多數人無法在六十五歲順利安心退休的原因所在。

Chap2

因此，假如你希望不花別人的錢，來實現自己的夢想，你就必須做到事先為這些支出做好準備。否則，你一定會使用到他人的錢，而且將來一定得還，因為實際上是你提前預支了「應付款項」。這種觀念也可以套用在時間管理上。如果你有責任心，你根本就不會去預支款項，透支你未來的時間。

用自己的錢來實現目標和夢想，並確保未來的責任得到適當履行。這是一種負責任的態度，也體現了你對於自己、家人和未來的尊重。

預支與付出：做好未來的備份

最近我們單位，有一位主管要結婚。婚禮的那天，他站在美福大飯店的舞台上，首先向父母表示感謝，然後突然大聲呼喊：「淑華經理，我的主管在哪裡？」當時，我站起來，以為他有某種特殊的安排，但他拿起麥克風繼續說：「雖然我明天開始休婚假，但這月的業績我已經達成，所以我要去馬爾地夫了。」瞬間引來全場的歡笑以及熱烈的鼓掌。

在他銷假回來的早會上，我決定向他表達感謝。因為他展現了一個重要觀念：他之所以能夠無憂無慮地享受婚假，是因為他

在事前做好了不僅出國的準備，而且同步為旅費做好準備。相對而言，如果你在度假中才開始思考要如何賺到旅費，試想還能如此輕鬆地享受假期嗎？又或者你盲目地逃避，那麼會預支誰的錢呢？

目標設定與取捨之道

　　「目標越明確，方向也越明確」這句話強調了目標設定的重要性，以及在明確目標的情況下，越容易找到解決方案並提升效率。

　　舉例來說，當自己明確要去的地點，並清楚那是自己一定要去的地方，就很容易可以訂出日期及交通工具甚至花多少代價前往，不會產生拖延或繞遠路的狀況。

目標不明確，結果就失焦

　　當目標不明確，或制定太多目標，行動也會失去準則，因為不知道要到哪裡去。

前幾年公司招待績優人員搭郵輪。內容包括享受郵輪上的美食、聚會、晚宴，當我們登上郵輪，我就開始在心中規劃郵輪上的每一天行程。

　　排出目標的順序：第一個目標，就是不變胖。所以，我們一定要去健身房運動。第二個目標是，一定要參加六點半的晚宴，因為這是和長官同事交流的時間。然而，還有第三個目標：下午茶時間，我老公說一定要體驗郵輪的下午茶。我告訴他，如果我們下午茶喝太久，那麼運動的時間就會被壓縮。因此，我們應該在下午茶結束後，先休息一個小時，然後再去健身房運動，時間安排好，以便在六點半準時赴晚宴。

　　聽到這，我老公卻對我說：「你能不能不要在度假時還在安排行程，像在工作一樣，連休息日都要排定計畫⋯⋯」但我要問，如果不透過計畫及安排就放鬆地喝下午茶，是否趕得上運動？接著是否能按時參加晚宴？這些結果都與你是否提前安排有關。如果不進行安排，你的目標可能會因為相互排擠而變成不得不的刪除。

　　要克服這種情況，首先要確定自己目標的先後及輕重緩急順序。以下午茶為例，你可以花三個小時享受，也可以縮短為三十分鐘，端看下午茶對你而言是否重要？對我而言，如果我的目標

Chap2

是保持健康不變胖，那麼我會選擇把下午茶縮短為三十分鐘。但如果你認為健康和胖瘦不那麼重要，你或許可以花三小時享受下午茶。

因此，當你確定了目標後，你應該思考每個目標在你心目中的重要性。有些目標需要花費更多時間，而有些則需要減少。最重要的目標是和長官一起用餐，所以無論前面的安排如何，我都會確保六點半出現在晚宴裡，因為這是最重要的。

另一個例子。

我帶著我的接班團隊開了一場例行的聚會，會中討論如何增員的議題。當次主席提議要分享一個想法，就是「如何增員自己」。

我問他：「**你是想利用自己的人格特質去吸引人來跟隨你嗎？**」我問他是否確定這就是他想要的方向，他表示「可能是」，隨後的討論就會發現大家的發言開始發散，而且越走越遠，原因是議題的目標並不十分明確，有許多細節和方向還未被確定。

這是一個相當普遍的現象，當議題沒有具體的目標時，大多

數人的答案通常也會相對模糊。

　　就像業務員向客戶提問的過程一樣。如果你提出的問題讓客戶無法理解，你自己也不知道為什麼要問，那麼你也很難期待客戶給出你想要的回答。

　　所以無論是討論會議還是執行業務訪談，都需要確保問題和目標是清楚的，這樣才能引導出具體而有意義的回應。唯有目標明確，才能幫助我們朝著具體方向前進，並獲得我們期望的回饋。

　　有一位業務員向客戶詢問客戶和父親的關係。輔導會議時我問他，「為什麼你要問這個問題呢？」他說，我只是想知道他和他父親的關係。如果你只停留在了解他們的關係這個層面，他可能會回答說，「我和我爸相處得還不錯」。你的提問就會在這裡停下來，不會再進一步探詢。

　　如果你想知道的除了他和他父親的關係，並且也希望知道父親對他的影響有多大？那麼你就會知道，「我和我爸關係不錯」這個答案並不足夠。你會繼續追問，「關係很好的話，通常有哪些事情會聽父親的建議？」來了解父親對他的影響力。你會問到

更多層面，在還沒有得到你想要的答案前，你不會停止發問，因為你知道這個答案還不夠。

假如聊天沒有目標，那就叫尬聊。如果你沒有預先想清楚問題的目的，之後的尬聊就會偏離核心。如果你沒有確定好目標，你就不會得到你真正想知道的訊息。當你清楚知道你想問什麼，這樣才能引導對話朝著你希望的方向發展。

你能否實現目標，與你對目標的重視程度息息相關。因此我們在設定目標時，必須為其賦予生命力，而這種生命力就是為了達成目標所願意付出的代價。

伴隨著犧牲的才叫代價

常常我們為了實現目標，必須在過程中做出選擇，放棄某些事物或行動，以便專注於真正重要和有價值的事情。這種取捨是成功的關鍵，讓我們將有限的資源和時間集中在最優先的事項上，實現更大的成就，這個叫做代價！

許多人聲稱自己是為他人著想——利他，然而，真正的為他人著想是在你感受到付出代價的時候。犧牲始終伴隨著一定的代

價。雖然我們都理解這種代價，但我要強調的是，無法接受代價的原因在於他們不願意付出，這也就意味著他們永遠無法真正實現為他人著想。當人們聲稱為他人著想時，是否願意承擔代價才是關鍵所在。

　　相同的道理，為了得到，必須有所放棄。即「我想要什麼，就得付出相對的代價」。這是一種取捨的過程，我們必須在不同方面做出取捨，以實現我們的目標。請不要一直以為自己已經做出犧牲，實際上可能什麼也沒做到。實現目標的背後總是隱藏著一個代價。而承擔代價，正是為他人著想的真諦。

為未來的不確定「提前準備」

　　人生無常，帶來無奈與焦慮，但若以無懼與無憾的心態對待，便能創造更有自信的未來。為使自己能夠無懼，必須提早準備，才能從容地迎接生活的不確定性，創造無憾的人生！

　　若在退休生活上並無準備，我們將不得不延後退休或降低退休後的生活品質。因為資金規劃安排不僅會影響退休，更是日常財務決策的思考基礎，若預先支付資金，就無法實現無後顧之憂的退休生活。

　　我認為在生活中，每一個決定都必然伴隨著代價。這個概念我曾在第一本書《贏在真誠》裡提過。當我們做出某項決定時，我們應該清楚明白這個決定所帶來的代價。無論是即時享受，還是選擇先苦後樂，代價始終存在。如果我們能清楚地了解這個代

價，即使面臨困難，也不用猶豫，因為我們知道為了得到我們想要的，我們必須努力付出。

然而，很多人在做決定時往往忽視了代價。他們可能隨意地行動，並在後來因為缺乏評估而感到後悔。其實對於任何事情的選擇，沒有絕對的對錯。重要的是，我們要了解自己所能夠負擔的能力，並在這個基礎上做出決定。同時分清楚，支出「應付款」與支出「存款」是不同的。

人性普遍存在著一種怨懟和落差感，人們想要得到某種結果，卻不願支付所需的代價。**過多地依賴別人的資源，會使我們失去尊嚴和自信，在人前抬不起頭**。我們必須理解，若想取得成就，我們就必須為此支付代價。

有些人誤以為在保險業工作，就能輕鬆地享受公司提供的出國旅遊，認為這是基本的福利。然而，背後的真相是，要想出國旅遊或領高報酬，都必須付出**努力的代價**。

舉例而言，前面章節我提到公司獎勵到越南旅遊。我用的是公司給予的獎金，我並不是提前預支，而是先為公司做出貢獻，才獲得了這個機會。但如果你是自己支付的旅行費用，就應該先

仔細考慮。你是否已經準備好（賺到了）足夠的旅遊金？如果你沒有做好這些準備，那你的出國旅費就是預支費用了。

相對而言，如果一個人習慣沒有先準備好旅遊金就去旅行，那應該是使用別人的錢，或預支未來退休自己要用的錢，那麼就會有無法順利退休的代價。

以無懼與無欲對抗生活的無常

許多人工作了二、三十年後，雖然有些積蓄，卻無法退休，還需要尋找其他工作機會，例如在麥當勞打工、到大樓打掃、或擔任保全等工作。這種情況很可能因為他們年輕時沒有為退休生活提早準備。

你是否曾考慮過自己的退休計劃？或認為只要持續工作就能夠順利退休？惟有提前做好準備，才能在退休時不再為錢工作、為錢煩惱。缺乏規劃可能導致你必須延遲退休，或轉換到其他地方繼續工作，以維持生活水平。這已經成為當今普遍存在的問題，而且越來越嚴重。

我們這一代五、六年級生，大部分都有存款，退休後生活是

無虞的。然而，現在的年輕人似乎傾向於隨遇而安，不重視提早規劃，普遍價值標榜著「活在當下」，因為反正未來充滿了許多不確定性，而這種想法實際上只是與問題共處並盲目延後問題的逃避心態。

人生確實充滿無常，這種無常讓人感到無奈。**當無常和無奈同時來襲，我們應該如何應對？在我看來，我們應該要以無懼和無欲的心情來採取行動**。人生本來就應該這樣。我不想過於戰戰兢兢，更不想讓自己過度焦慮，所以如果早早做好充分的準備，簡單來說就是四個字「提早準備」，我們就能在面對未知與不確定時，從容應對。

3
chapter

建立堅實的保險價值觀基礎

保險願景的人生地圖

　　顧問級的銷售員，都需要具備「望、聞、問、切」的診斷能力，猶如專業醫師一般。他們不僅能夠針對症狀找出病因，進而提供解決方案（處方箋），更要有專業的培訓且具備證照，就像是個「全人生醫生」，了解身體及生命的各個方面如何相互影響，能夠精確地繪製身心靈地圖，就如同家庭醫師一般。

　　問題是，你對於自己的人生規劃，從生命的起始到終點，是否已經有了一份完整的地圖？假設有一天你遇到了一條河，或是一座高山，你該如何跨越這些障礙？這時候，若有一位了解你人生地圖的專業人士，不僅能提前告訴你哪裡有座橋，哪條路更適合，還能夠分析利弊，幫助你做出最佳選擇，你是否會願意接受他的建議？

這正是顧問的使命及專業。我稱這種引導人生方向的工具為「Maps」（即地圖）。

　　對於業務員而言，專業是基石，包括對各種商品、費率、保單條款甚至是人生的 Maps 等的熟悉度。只有具備這些專業知識，你才能在客戶面對的人生各種階段及狀況時，提供適切的解決方案，像醫師為病人開處方一樣。

　　一位優秀的保險從業人員，應該完全洞悉客戶的人生地圖。你需要熟知每張地圖，就像一名導遊帶領遊客遊覽，若你對地形毫不熟悉，那麼旅程就變成了一場冒險。而如果你了解地圖上的每個細節，知道在三分鐘後會有一座小橋，在十分鐘後會有落石，你不僅能事先警示客戶，還能提供明智的建議。一名優秀的顧問就應該具備這種能力。

　　然而，顧問的角色並不僅僅是技術層面，信念也是極為重要的。顧問需要深信保險的價值，就像宗教信仰一樣。不論客戶或朋友相不相信，你都要堅信保險的重要性，並對此深信不疑。這種信念是一名出色顧問的核心觀念。

　　透過以上的思考，我們可以更清楚地理解顧問級業務員的角

色和使命，他們不僅是提供解決方案的專業人士，更是幫助客戶規劃人生路程的引導者。他們應該像醫師般精確地診斷，又像導遊般掌握地理，同時懷抱著深信保險價值的信念，引導客戶做出最明智的預先準備。

善用理財金字塔，實現財務自由

在輔導過程中，我經常提到「Maps」地圖。對於業務員來說，不僅需要充分了解這份地圖，還需要透過精進自身，學習產品的知識和技能，同時要洞悉市場的動向。這樣，當客戶遇到人生困境時，你才能夠知道應該使用哪些工具來協助他們渡過難關。人生充滿了挑戰，總會有遇到困難的時候，就像在路上遇到了大石頭一樣。關鍵時刻，你的專業素養就顯得尤為重要。

讓我們自評：你在客戶的心中能獲得多少分？從 0 分到 10分，你認為自己在他們的心中占據了多少位置？

知名的心理學家馬斯洛提出人類需求的五個層次，在這邊，我們也以人生的三階段來談保險市場，我們稱之為理財金字塔。金字塔的底層包含基本的生理需求和安全需求，這些需求不僅構

成了人生地圖的基石，同時也是理財金字塔的基礎。金字塔的第二層是理財，這兩層對於保險從業人員來說，是協助客戶建立安全保護網的關鍵，最後一層則是財富傳承和自我實現（留愛給最愛）。

當我們拜訪客戶時，常常會問一個問題：你最擔心的是什麼？多數人關注的仍是最基本的生命保障。雖然台灣的健保制度在全球排名第一，許多人的健康和生命都依賴於健保的保護。然而，當遭遇重大疾病或意外時，健保往往無法提供足夠的保障。在這樣的情況下，家庭是否因為缺乏保障而陷入困境，就成了一個重要問題。

假如基本的第一層保障已經足夠了，我們就要考慮第二層。你可以問：為什麼人們要不斷地存錢？如果收入不中斷，會需要存錢嗎？當一個人收入中斷時，會發生什麼狀況？一、可能是失業，但即使失業，一定會繼續找到下一份工作；二、如果是因為意外或疾病導致收入中斷，這時保險就可以派上用場；最後，就是退休。退休的時間點是什麼？是因為年齡到了而退休？還是已經準備好退休金就可以退休？

有些人基本上不需要擔心金字塔的前兩層。如果保障及理財

已不再是他們的關注重點，那麼他們將進入金字塔的第三層，即財富傳承。他們需要更用心的分配財富，確保遺產能夠無爭議且傳承給所愛之人。這就是保險最大的價值分配權。因為法律有給予保險相關人的相對權利，所以可以完全依照當事人的意願進行分配，真正做到傳承的意義。

保險市場的潛力龐大，其中占最大的九十五％的市場，集中於金字塔的底層和第二層。只要持續用心耕耘，這兩個層次的機會就源源不斷了。而位於金字塔頂端的五％客戶，可以透過保險來實現合法的財產傳承及分配，這更證明了保險市場真的可以無遠弗屆。

換句話說，**無法成交保單，並非因為沒有市場，而是因為你尚未具備相應的專業技術**。透過理財金字塔，你已經清楚知道，只要是人都需要保險；專業的業務員能透夠過理財金字塔的引導，協助客戶達到 FIRE 財務自由的理想生活。

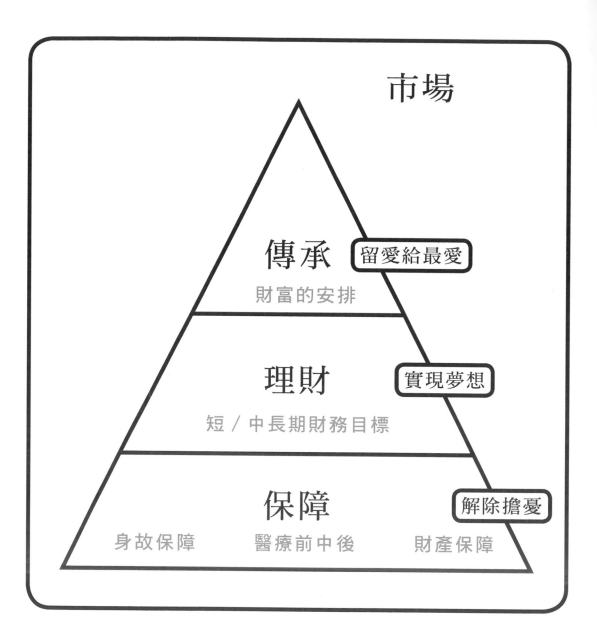

市場

傳承　留愛給最愛
財富的安排

理財　實現夢想
短 / 中長期財務目標

保障　解除擔憂
身故保障　　醫療前中後　　財產保障

圖：理財金字塔

打造積極的角色模型，
實現目標生命力

　　我們的 agent 常被邀請到其他單位分享，事後也會得到該單位主管的回饋。我已經不只一次聽到很多主管說，從我們的業務員身上明顯地看到「小 Tina」和「小淑華」的影子，他們的舉手投足都跟我有幾分相似。在我們團隊中的確有很多人是如此。我可以感受到自己的精神正影響著某些人，因為他們認為這是正確的方向。

　　所以說，在一個環境裡找到一個可模仿的角色模型（role model）是很重要的，同時建立自己的角色模型也至關重要。因為你將影響許多人，成為他們學習的目標。當你是一個正向的人，你將影響他人的正向。這種樂觀不僅僅局限於工作，還涵蓋了生活中的許多事情。當你遇到困境時，你會相信自己一定能夠克服。

在找到了角色模型後，你的目標將變得更明確。但在達成目標之前，你需要立即制定計劃並付諸執行。例如，如果你想出國旅行，下一步應該要尋找旅行社，辦理護照等等。如果僅僅想著「明年我要去西班牙」而沒有採取行動或計畫，那麼你是真的想要去嗎？或明年真的能實現嗎？

因此，有生命力的目標會帶來強而有力的執行力，其中包括計劃、檢視和修正。當目標充滿生命力時，你將付諸行動。

你有多大的執行力。完全看你的目標是否充滿生命力？愛默森有一句至理名言「**當你真心渴求，全宇宙都會來幫助你**」，這也是我一直強調的觀點。如果不是真心想要，即使主管傳授了許多技術，業務員也不會去執行。

我曾經有一段時間很胖，胖到我一想到上台演講時就會感到不自在。某一次應邀到其他單位分享，台下正好坐著我的讀書會同伴，我自認為演講內容充實而豐富，結果下台後卻得到他的回饋「吃的不錯」。從那一刻起，我就下定決心尋求醫生的幫助，因為我意識到肥胖已經影響到我在台上的自信心。

唯有當內在及外在都能展現自信時，你才會覺得這個世界充

滿善意。

理性思考下的目標選擇與執行力

我要強調的是目標和生命力之間的關係。很多時候我們設定的目標缺乏生命力，這會導致自信心下降，無法做到隨心所欲。

目標可以區分為「想要」和「一定要」兩種。換句話說，你需要搞清楚自己的「想要」和「一定要」。如果是「一定要」的目標，那麼這個目標就具有生命力。

舉個例子，你是否想要減肥？你可能會回答：「是的，我很想減肥。」但如果你沒有付諸減肥的行動，那就只是「想要」而已。相反的，如果你說：「我一定要減肥。」那麼你應該會避免吃一些不健康的食物，對吧？「一定要」比「想要」更具約束力。

有生命力的目標需要理性思考。什麼是「想要」和「一定要」？這個行業裡也會有兩種人：一種是「想要成功」，另一種是「一定要成功」。而「一定要成功」的人通常會存活下來，他們無需他人教導或監管，自然會堅持下去。而那些「想要成功」的人，即使經過培訓後也可能會離開。如果我希望拓展「一定要」的範疇，也就是讓「想要」的人在培訓後能夠判斷出「想要」

和「一定要」的區別，那麼我們所能提供的就是方法和技巧。

很多人對於「一定要」的概念有不同的理解。通常是受感性面的影響。當我們在「想要」和「一定要」之間猶豫時，關鍵在於我們是否能夠保持理性思考及分析。而這個理性的思考，可以透過後天的訓練來獲得。訓練讓我們得以跳出現有的情境，從外部的角度來判斷「一定要」或是「想要」的情況。同時也決定了我是否要接受這個挑戰而不抱怨。

當你能夠理性思考的時候，你將心甘情願接受你所做的選擇。

「想要」和「一定要」絕對與你的價值觀相關，而你必須以冷靜的態度將價值觀置於你所做的選擇之上。這實際上關係到你是否能夠像機器人一樣冷靜，因為在我培訓領導者時，我明白如果你沒有把自己訓練成半個機器人，你將常因為「人」的情緒而受影響，做出不理性的行為。

「想要」和「一定要」之間的差異在於，「一定要」是一種自我約束的行為，因為「一定要」，所以會拚命去完成。然而，「想要」則需要外在的要求與調整，來幫助你達標。我們可以透

過訓練來培養這種理性思考的能力。無論是來自內心渴求的「一定要」，還是外在的責任和義務，當我們確定某事是我們的目標時，我們就會開始尋找解決方法，用理性的方式處理問題，最終達到目標或者到達我們所想要去的地方。

塑造自己的角色模型

我堅信，我們的形象是由自己打造的，因此，我深信塑形的力量。如果你想要塑造自己的形象，就該關注自己的一舉一動，這些細微的舉動正是構成你形象的元素，無須仰賴他人評價，畢竟，所有形象的塑造都源自自己的行為。因此，若你希望他人看到你的真實樣貌，那麼你就得為自己要的樣貌做出改變；要在專業形象方面表現出色，你應思考自己該如何展現更專業的行為。

關於角色塑造，我們需要思考的不僅僅是外在的改變，更涉及到內在和思維的轉變。要開始這個過程，首先需要確立明確的目標。如果我們不清楚自己想要成為什麼樣的人，很難朝著具體方向前進，我們可能只是隨波逐流，隨遇而安，而沒有特殊人格特質。

希望自己的人生有什麼樣的價值？成為什麼樣人格特質的

人？這個目標將會指引我們越來越明確地定義自己的目標和行為。如果我們渴望成為一個有智慧的人，我們就會朝著這個目標努力。我們的人生需要我們親自塑造，而不僅僅是被動地接受。在這個過程中，我們的外在形象、內在成長和思維模式都將交相影響，幫助我們成為我們渴望的那個人。

　建立堅實的價值觀基礎

透過提問，
提升金字塔的層級及深度

在這個競爭激烈的市場中，成功的業務發展不僅僅是建立在產品和服務的質量，更是建立在洞察和理解客戶需求的基礎上，而探詢潛在的商機成了至關重要的策略及技術，而其中一個極為有效的方法，就是提問。這個看似簡單的行為，實際上卻蘊含無限潛力。通過適切的問題，我們不僅能夠了解客戶的真正需求，還能發現那些未被察覺的商機，為業務的發展開闢更廣闊的道路。

舉例來說，如果有客戶來找我要更改地址或受益人，我會針對他們的情況提問：「你結婚前買的保單？那時的受益人和你現在結婚後的情況是否有所不同？」然而，多數客戶並不會主動提出這種修改，因為他們可能已經遺忘了這些事情，對他們而言，保單通常是考慮的最後一個事項，除非遇到了特殊情況。

身分的變化，可能會牽涉到理財金字塔的層次不同。因為責任已經不同。在尚未結婚之前，你是否需要承擔家庭的責任呢？實際上並不需要。然而，一旦你已婚，你對配偶也承擔了責任，這使得你的承諾無論自己存在與否，都顯得重要。這是否意味著你需要變更受益人呢？許多頂尖的業務員往往只因「更改受益人」為一個起點，然後將其轉化為更全面的理財規劃，從理財金字塔的第一層，跨足到了第三層。

所謂的商機，完全取決於業務員是否具備將客戶表面上簡單的議題轉化為商機的技術。而這方面的技術能力，絕對需要透過平日的輔導來獲得。同時，持續不斷地碰觸這些議題，也會使你不斷地提升自己的能力。可惜的是，大多數的業務員都缺乏這種能力，所以他們在處理理賠案件時，通常只能停留在提供表層服務的層面。

理財金字塔第一層到第二層的提問

保險的首要原則是財產損失彌補，它的本質是為了填補損失。然而，隨著時間的推移，保險也出現了質變，防疫保單就是一例。這反映了人性中的貪婪。實際上，保險本應僅限於彌補損失。我們的責任不僅僅是生前的彌補，當我們不在時也應負起責

任，這就是人真正的價值。因此，如果我只是協助處理保險理賠，那麼我僅僅是在談論財務風險和損失的原則。但是，如果我因為這些風險和損失的原則開始與客戶溝通，這涉及到對方的自尊。除了損失填補之外，是否可能因為你的不存在而影響到別人的存在？保險受益人的存在是否與你的存在有關，因為你的決定是否將嚴重影響受益人？如果未能適當規劃好資金，是否會影響到別人的資金？這就是理財金字塔的第一層。

從單純填補損失，擴展到更廣泛的責任和未來的退休，就有機會將話題從理財第一層跳升至第二層，透過規劃財務來協助客戶確保自身與受益人的未來經濟的穩固。

投資理財的「想要」還是「一定要」

我目前致力於協助業務員引導客戶走向理財金字塔的第二層，即投資理財的真正目標。在投資理財領域，更要理性區分「想要」和「一定要」。以喝咖啡為例，許多年輕人偏好享用「Starbucks」，但多數人選擇購買「City Cafe」，因為「City Cafe」的價格更具競爭力。然而，當你進一步詢問是否一定要喝「Starbucks」時，他們的回答是「一定要」。但問題在於，他們的收入是否能夠負擔相對較高的 Starbucks 花費？理性上他們

也認為不合適。然而，卻又表示如果不能享受「Starbucks」，生活將會失去意義。

這樣的回答似乎有些矛盾。因為多數人對於自己「想要」或「一定要」並不能明確區分。這就是一般人投資理財上的盲點。

再舉個例子，養育子女是「想要」還是「一定要」？絕大多數人可能會堅定地回答是「一定要」。但如果你將情境轉換，告訴小孩：「爸爸把一輩子的薪水都用在你身上，供你讀書，因為我把所有都給你了，所以等我老了，你必須要撫養我？」這樣的情緒勒索反問小孩，你認為小孩會如何回答呢？

「那你不要給我了，你有多少給我多少，你不要全部給我，因為我沒有把握可以照顧你啊！」

這個情境揭示出了一個重要的財務思考：在人生階段的每一筆支出，你必須「為自己退休金同步提撥」，才能確保是真正的「一定要」，而把錢給子女則不必然是「一定要」。這種財務思維，有多少父母真正了解。

在追求金錢和投資理財時，將自己的退休金規劃視為首要的

事情，這才是真正的「一定要」。雖然孩子的需求也很重要，但我們也應該為自己的未來生活做好準備，避免將老年的責任完全交給他們。這種平衡性的思維能夠幫助我們更好地規劃未來，讓自己和孩子都能夠享有更好的生活品質。

人們在財務規劃中常常面臨「想要」和「一定要」的矛盾和思考過程。所以需要更專業的顧問來協助客戶在理財金字塔中的第二層（即投資理財），有更深入的反思和規劃。

同步提撥的重要性

當「想要」和「一定要」之間產生衝突時，我們應該理性區分。對於自己的需要應該採取「一定要」的態度，而對於他人的需求則是「想要」。例如，所有花費若不是用在自己身上的都可以視為他人的開銷，不是必需的，這就不屬於「一定要」的範疇，包括養育子女等。因為一旦將這些開銷納入評量範疇，你就能明確地認識到「一定要」的含義。這意味著你必須同步規劃自己一定要的儲蓄理財和他人的開銷，甚至包括自己的生活開銷必須調整，這是理財過程中極為重要的思維。

舉例來說，當你為子女教育提撥資金的同時，你就必須同步為自己的退休金進行儲蓄的行動，你必須將資金劃分成兩部分同

時準備。

「房子一定要買？」有些人可能會堅稱是一定要的，他們可能會說，我一定要買房子，而且要買大的。然而，如果將這個情境置於未來，當你擁有房子卻沒有足夠的現金儲備時，你可能需要向子女尋求生活費，這時你是否還認為房子是一定要的呢？因此，我們應該如何應對這種情況呢？答案很簡單，如果你只有房子卻沒有足夠的儲蓄存在，那麼你應該選擇購買較小的房子，因為你必須同步提撥房子及退休金，這才是真正的「理財同步並進」。

如果你想買房子，那麼你首先要做的是確保自己在買房子之後，仍然擁有足夠的退休金存款。這是因為「一定要的存款」是指你需要先確保自己的儲蓄（退休金），其他的支出（買房子）只是「想要」。只有在你確保了足夠的儲蓄之後，才能考慮其他的支出。如果你沒有足夠的儲蓄，其他的支出都必須被排擠掉。進行理財規劃時，我們必須始終保持這樣的思維。

在追求賺錢和投資的過程中，我們是否曾想過，應該將自己的退休金儲蓄視為「一定要」的事情，而其他的一切都相對次要呢？我們問了許多為人父母者，大部分都認為孩子的教養費是

「一定要」。然而仔細想想，當我們年老時，如果我們一直將資源都投注在其他地方，而忽略了為自己的退休生活存款，那麼我們的孩子是否可以接受呢？他們可能會問，難道你不曾想過為自己的退休生活做打算嗎？你是否把責任都推給了孩子？

　　請記住我們未來的退休生活存款才是「一定要」的準備，不應被其他事情所排擠。我們不能將這個責任推卸給孩子，甚至不能有太多及時行樂的生活態度，而應該為自己的未來做好充分的準備。當我們在年老時能夠享受安穩退休生活，這將是給我們及子女最好的禮物。因此，在追求各種目標的同時，不要忘記了對自己的未來也要負起「一定要」的責任。

鍛鍊技術，把訊息轉為商機

在傳統的觀念下，我們這個年代的人往往處於一種困境，一方面需要照顧上一代的長輩，另一方面還要養育自己的孩子。然而，一位專業的保險業務員，應該要成為對方的生活顧問，有責任引導他們擁有正確的思維面對困境，這正是我們在這個角色的使命！假如我們僅僅是朋友，我們可能只會支持和認同對方的所有做法；但如果我們能夠察覺到問題存在，我們應該引導他們正視問題，並找到解決的方法，這才是真正的顧問角色。就好像醫師會診斷病情並給予適當的治療，做為顧問也需要發現問題並提供解決方案，協助完成治療。

你的孩子不是你的資產？

現在，假如我們已經看到了問題，並且掌握了專業的知識跟地圖，我們就應該協助我們的朋友正視這個問題。我們應該告訴他們，首先要拯救自己，而不是去拯救別人，這裡的「別人」也包括了我們的子女。一個新的教育理念告訴我們「你的孩子不是你的資產」，提醒我們要尊重孩子是獨立的個體，子女並不是我們的財產。我們可能認為，如果我們為孩子買下一間位於蛋黃區的房子，就代表我們非常愛他們。但是，請問這房子是否符合孩子的需求？當小孩正式繼承房子時，他們真的和我們一樣的認同這房子是他們需要或喜歡的嗎？孩子的下一步也許是將房子出售，因為這房子並不是他們的夢想，而是我們的夢想，卻自以為是「為他好」。

孩子們並不一定要住天母（或其他高級地段），還要考量交通及其他因素。然而，你卻因為自認為天母是高級住宅區，便自以為是的給孩子買一棟豪宅。給予孩子最好的禮物應該是啟發他們正確的思考方式，其他一切都是次要的。因此，做為專業的業務員，我們的角色是協助客戶明白這個觀念，並協助他們合理地規劃財務分配。如果我們無法做到這點，即使客戶一直在賺錢，但最終卻感到無奈，因為他們沒有解決自己的問題，甚至可能對

他人造成長期的傷害。

如何從各種情況中找到商機並將其轉化為雙贏的結果。這種能力不僅能夠提升業務的效益，也展示了你的專業素養。

假如有客戶或朋友透過 LINE 發訊息給你，而你卻沒有足夠的技術支持時，當然只能進行基本的服務。相反的，只要有客戶 LINE 我，無論是什麼訊息，我的下一步行動就是進行確認，因為「確認」代表不預設立場。在不預設任何立場的前提下，去關心了解訊息背後的需求，就會有機會讓對方開放的答案帶你通往更具可能性的方向發展。

用提問創造進一步互動的契機

許多業務員只是單向收到客戶訊息，就處理基本的服務，沒有提升自己全方位的價值，用關心進一步了解客戶真正需要的服務。如果你無心也無能力，那就意味著你對客戶而言僅僅是一名藥劑師，只能提供固定的解決方案，甚至是客戶指定的方案。然而，如果你想成為一名真正的醫師，你應該開始進行問診了。問診是一個確認的過程，你可以藉機詢問對方，他們對於這件事情（訊息）的擔憂點在哪裡，這就是提問的技術。

應對客戶發出訊息時的深度探詢技巧，以及如何從問診中獲得更多信息，進一步引導和理解客戶的需求。這種主動的態度和技術的運用，可以幫助業務人員更深度地服務客戶，也同時得到更多的商機。

事實上，這個過程非常簡單。當我看到來自客戶的 LINE 訊息後，我很輕鬆地提出了一個問題：「怎麼了？有發生什麼事嗎？」也許對方回覆說沒有特別擔憂，但卻有些心情或日常的影響。於是我隨即提出：「那這樣好了，我們也有一段時間沒有見面了，要不要約個時間，我當面跟你說明會更清楚。」事實上，技術的運用就在這裡，我並沒有在訊息中做太多解釋，因為單向的解釋往往缺乏互動。在這個階段，我認為應該立即提議約訪的時間。

這個例子清楚地呈現了如何運用關懷的技巧，透過提問來約訪見面，引導對話並為進一步互動創造契機。這種方法不僅著重於有效的溝通，同時也突顯了業務人員在與客戶互動時的專業。

當對方表示同意後，提到他在六月中後才有空，我感到非常高興，因為這意味著我已安排好六月中的行程及客戶了。於是我告訴他，我即將在下週前往越南，但我六月中回來後會再次聯絡

他。他好奇地問我是否去越南度假，我向他解釋這是公司提供的旅遊獎勵，無形中凸顯了我的價值定位，也代表我的業務表現優異，在疫情期間仍然保持出色的業績。

由於他向我提問了許多境外資產的問題，我想到他可能關心的是，他是否需要調整所持有的境外資產，或者是否需要找人討論資產配置相關問題。而這就是商機。

我要強調這些商機的產生，是來自於業務員是否具備足夠的技術去回應。如果你沒有技術，可能只是簡單的回應，並不會有進一步的討論。然而，如果你擁有技術，你可以將每個服務轉化為實際機會。我目前的狀況就是如此，只要收到一則訊息，比如客戶要辦理理賠，我就能將其轉化為商機。不論是地址變更、受益人變更，我都能找到機會。我相信大部分頂尖的業務員也是如此。這也是為什麼我強調每天都需要不斷磨練技能並提升專業，就像磨刀一樣，因為如果你能不斷與「老闆」互動，你就能夠將每個話題都轉化為議題（即商機）。如果缺乏技術，你只會停留在服務的層面。

壽險業務領域有眾多從業人員，他們的不成功並非全都是缺乏努力，也有部分是由於缺乏足夠的技術。許多業務員雖然努力

地回答客戶提出的問題，但卻無法將這些問題轉化為實際的商機。而這種技術，是從何而來呢？答案就是**案例輔導**。

定期盤點，有效管理業務成果

關於盤點的流程，我通常會從「為什麼」開始。

在做任何事情之前，都必須要明確知道「為什麼要去做」，也就是動機的重要性。因此，我會向 agent 提問，你為什麼要追求設定的目標？

盤點業績的目的，是希望為業務員清點成果，除了讓業務員學習用拜訪的客觀數據加以改善，同時主管也能加強管理的協助。在這一次之後，確認業務員需不需要接受進一步的輔導。因此，我希望能夠給予 agent 一些實用的技巧和方法。然而，我並不會一開始就直接教授技術，因為若缺乏動機（拜訪量並不足夠），學習這些技巧都毫無意義。這就是為什麼在進行目標設定時，我會先確保 agent 的動機是否明確有意義。

在我進行輔導時，我都秉持著相同的原則。我會站在對方的立場思考，評估他們是否願意接受我的建議，是否願意採納我的觀點。因此，「為什麼」始終是我進行輔導流程的起點，以對方需求出發，這種方式讓我在帶領更大的團隊時同樣能發揮效用。

我的方法是，無論是要求伙伴採取行動，或是要協助伙伴提升技術，我都會在開始之前說明為什麼我們需要這樣做。如果我不能事先解釋清楚原因，那麼即使我提出的任何建議，義務員可能都會感到懷疑。因此，「不知為何」就會變成「不知如何」。

舉例來說，在我們討論台北生活及業績目標時，我會問伙伴這些問題：1.5C 的月目標是否足夠生活費？如果無法生活，是否應該縮短在一週內達成，以便在接下來的時間挑戰更高的收入目標？這種方法確保我們的討論更切中對方需求，並減少了抱怨，因為團隊成員將理解主管的每個要求都是為對方著想且合理，同時也強化了整個團隊的共識和合作。

通常情況下，病人在感到不適時就會尋求醫師的協助，但人們在面對人生「生老病死殘」等問題，卻常常會因為無法預估或掌握而不想面對，所以身為保險業務員的我們，需要在人們尚未發生問題時，就讓他們看到可能產生的風險和後果；所以我們必須具備更深刻的洞察力和能力，以便讓客戶理解他們未來可能面

臨的挑戰，並協助客戶有策略的採取相應的行動。這也使得我們在提供專業建議時，需要更準確地預測可能的情景，並為客戶提供適切的解決方案。

收入和業績的區別

一般的上班族，通常會因為職位的不同，領取相應職位的薪水。有些行業的業務工作，也會有基本底薪。但保險業不同，因為我們並沒有底薪，所以業績的多寡就等同於收入。收入與業績密不可分，兩者之間存在著直接的關聯。如果我們不關心業績，就等於我們不關心收入。

儘管在這一行工作，我們都清楚業績等同於收入，但有時在追問業務員業績時，常常會引起對方的不悅。這也是無底薪工作的保險業存在的盲點，因為其他附底薪的行業，主管是不用關心員工薪水多寡、是否足夠生活開銷的。

或許我們可以這樣想，主管關心我們的業績，實際是擔心我們的收入。因為業績直接影響我們的收入，兩者幾乎是同比例的關係。因此，我對團隊的業績是非常重視的。如果業務員和主管從來不討論業績，你反而要擔心，主管是不是真的關心你？還是

他只是為了他自己的目標而已，例如你會不會繼續留下來，而非真正關心你的業績與收入（就是你的人生）。

我們也可以自問，如果我們自己不關注業績，我們的收入是否能維持生活水準呢？這是一個非常直接的問題。儘管我們都不討論業績，但我們的收入依然需要來自於業績的表現。因此，我們的團隊從來不會迴避談論業績，我跟業務員問業績也是相當合理的。

業務員通常會有一個錯誤的觀念，認為「業績」是主管的要求，但「收入」才是與他們息息相關，這種想法常常令人感到迷失。事實上，對沒有底薪的業務員來說，業績等同於收入。將「業績」轉換為「收入」觀念，可以幫助他們更有共識，更聚焦在對的事情。業務員應以實際收入為目標，更能掌握成本、開銷等因素，也開始學會理財的基本功。以這個新的思維，業務員更有動力主動追求活動量。

我從某一天開始意識到這個問題，經過一番思考後，我與我的團隊分享了我的想法，並從此改變了我們的做法。

我告訴團隊，我們不再強調盤「業績」，而改用盤「收入」

來取代。這樣一來，我們在分析業績時，將更多地考慮業務員實際的收入。畢竟，收入才是業務員最關心，也是最切身的需求。何況我們在第一次對業務員盤收入時，就已經很明確的向他們說明了業務員的收入是有成本的。

盤業績 = 盤收入

保險業務員的收入與傳統上班族不同，需要考慮開銷及成本，所以差不多要將業績收入打七折（因消費習慣不同而有差異），才能算是業務員的收入。舉例來說，如果你一個月賺三萬，實際收入可能只有兩萬一。這麼實際的數字，也是要警惕業務員，如果目標只訂在三萬，這樣的收入，要在台北生活絕對是不夠的。事實上，光是房租、水電等基本花費就已經不夠，更別提其他什項支出及投資理財。

除了訂目標，我們也會定期追蹤進度。我特別強調每週必須追蹤業務員的行程安排，這種方法可以使業務員更具體地了解自己的工作進展，不至於等到月底才發現未能實現目標。我深信，透過階段性的目標追蹤，我們能夠更快地掌握每週的狀況，進而協助業務員提高收入（業績）。

這裡同時也引出了一個重要的問題，我們是否可以在這個月就提前開始思考下個月達標的問題？而不是等到月底才開始思考問題，其實等到月底再來追業績根本為時已晚。當我把追蹤業績目標訂在月初，往前推算，將有一個月的時間來準備達標。

　　事實上每家公司的考核標準可能都不同，但是，一旦公司的目標是擴大人力，考核可能會維持相對的低標。這樣才能讓較多人通過考核。但是，僅僅通過考核低標的業績收入，是無法生活的，這很現實。所以我們更應該想的是，多少收入才能合理的生活，並追出這個收入數據的業績，這對沒有底薪的業務員來說更為重要。

　　多數業務員都不喜歡主管盤業績或盤收入，但我想強調的是，你是否可以依賴自己的能力，獲得足夠的報酬？如果你還需要主管來替你「盤收入」，代表你的業績可能還未達到預期的目標，所以主管所做的一切都是為了協助你進步。這就是主管（即教練）的工作。

提升績效、優化業績，關鍵在於定期盤點

我們先來探討一下，業務員想要進到保險公司，通常會問哪些問題？答案是公司的考核制度，這是他們倍感壓力的來源。所以當他們通過層層關卡進來之後，主管為了要協助他完成目標，必須定期追蹤他的業績，讓他順利通過考核。

然而，當今許多保險公司在進行業績考核時，通常會設置較為寬鬆的標準，這樣才有機會廣納人才，快速擴大。但這種情況可能導致人力資質的參差不齊。試想，我們只想培養業績過低標的人嗎？

讓我們來看看具體的數據。公司所設定的業績標準是每月每名業務員 1C，而主管團隊的標準則是每月 3.3C。這個數字確實相對較寬鬆，但由於新人需要有一段努力的適應期，所以標準不能設得過高。我的團隊當然不僅僅尋求達到這個數字。考慮到台北的高生活成本，因此，我們目前為新進業務員設定的收入目標是每個月 3C。

以我在保險行業三十多年的經驗來看，假設總收入是三萬，

實際入帳只有七成，即兩萬一千元。這樣的收入在台北維持基本生活都不容易。因此，我們必須在第一週內就實現三萬元的業績目標，不能等到月底才達成。這樣，業務員就有足夠的三十天時間來為下個月的三萬元目標做好準備。

因此，我們絕對需要進行業績盤點，並且最好提前進行，以確保工作節奏的合理性。當我向主管們介紹這個理念時，有些主管可能會感到壓力，他們可能會問，你怎麼可能要求在每個月的第一天就達到業績目標呢？我會回答，你的觀點並不正確。**業務員確實需要在第一天就達到目標**，如果按照我的節奏進行，他們早在三十天前就已經做好準備了。

這個方法的核心是在於預先的規劃和準備，從而使業務員在每個月初就能踏上成功之路。加上透過定期檢視，有效管理業務活動量，來確保整個月份保持穩定的績效，這種方式，我深信業務員們能夠更好地應對挑戰，實現自身的目標。

4

chapter

輔導的技巧與方法

保險銷售三階段：
從「朋友」→到「顧問」
→最後才是「業務員」

在保險業銷售的過程中，始終應以客戶需求為出發點。

每個人從出生起，都擁有被照顧的需求，隨著年歲增長逐漸轉向自我照顧，再延伸至照顧他人，這種需求層次恰如理財金字塔的概念所描繪。一位傑出的保險好友曾形容，與客戶的交流就像是養魚一樣，必須將他們置於魚缸中細心呵護，而水溫不可過低或過高，保持在六十度左右是魚兒能優游其間的關鍵所在，當水溫低於六十度時就要馬上調整。對待客戶也是同樣的道理，不躁進也不冷落，持續提供資訊和支援，以確保未來銷售的機會。

換言之，銷售過程應開始於建立友誼的階段，這時像朋友一樣彼此關心了解，才知道朋友的困難及需求，建立友誼是不可少的第一步。接下來，隨著關係的加深，我們才能進入顧問的角

色，為客戶提供更專業的意見，陪伴客戶面對困難或需求。最終，才會發展成為真正的業務關係，要求客戶解決困難，不與問題共存的盲點。

保險行銷的三個流程，用正確的階段性角色來區分——從朋友到顧問，從顧問再到業務員，就變得很清楚。然而，很多人卻在朋友跨到顧問的階段就停滯了，或者在顧問到業務員的階段遇到瓶頸，陷入一個開了處方箋卻遲遲不領藥，不斷來來回回的循環，怎樣都無法成交。更糟的狀況是直接退回朋友關係，考驗友情深厚，用交情買單。這也解釋了為什麼很多業務員在朋友分階段就完成了成交的緣故，因為他沒有做好應有的角色扮演。

用分數來評估朋友、顧問及業務員的角色

為何要從朋友階段開始？因為只有透過建立朋友關係，我們才能充分了解客戶的困難，並找到他們的盲點。以醫師問診的過程來說，我們需要先了解客戶的個人背景、成長經歷、關心的事物，以及他們的疑慮，才能進行診斷，為他們開藥方，成為他們的顧問，最後再由業務員結帳。

可是很多的新人很可愛。他永遠停留在朋友階段，沒有做診

斷，也就是說，看著他的朋友有困難，他只是盡朋友的義務認真傾聽，雖然朋友階段的分數很高，但就沒有後續了，而且一直以溫暖討好的形象出現，久而久之並沒有得到相對的尊重。我得說，保險業務員行銷的義務，就是要開始問診做診斷，朋友遇到的人生難題，你會建議他應該怎麼去面對，怎麼去治療，這時顧問階段的分數就出來了，除非自己的專業（如同前面提到的人生Maps）並不足夠。最後，再用你的專業來開藥方，彰顯業務員的價值。

所以，若將每個階段用 0 到 10 分來評價，假如要達成交易，我的經驗值至少需要「朋友分」和「顧問分」相加達 5 分以上，才有可能成交保單。

舉例來說，假如有個客戶的「朋友分」為 0 分，而「顧問分」為 5 分，這樣的情況代表雖然雙方還不是朋友，但業務員的專業知識可以幫助客戶解決問題。然而，因為缺少友情基礎，即使我們專業得到認可，對方可能只是參考比較；唯有一種成交的可能性是，客戶買的是剛性需求的商品，也就是他本來就有需求，對商品已經有一些概念，加上你提供的項目比較專業，所以跟你買，但保單金額不會大，需要持續增溫。

Chap4

另一個例子，假如對方是很熟悉的朋友，但我卻還未能成為顧問，可能表示我的專業還不足夠，所以「朋友分」5分，而「顧問分」為0分。這種情況儘管最終可能成交，但人情保的交易金額通常也不大，而且交易量也不頻繁。

　　假如5分是成交的門檻，若「朋友分」與「顧問分」分別為3分／2分或2分／3分，會更有談判的空間。就好比養魚需要保持在六十度的水溫，這樣才能確保魚群得以生存，這才是真正壽險客戶從開發到經營的概念。

　　藉由數據化的方法來檢視拜訪的名單，是一個相當有效率的評分方法。當分數超過5分時，我們就會鼓勵業務員進行更進一步的拜訪。在幾次接觸後，分數也會逐漸增加。

　　我們的目標是在每次接觸中解決客戶所面臨的各種問題，假如客戶有五個人生的問題需要解決，那我們一次就先解決一項，其他四項就留待下回見面再解決，真正成為客戶信賴的顧問。正如魚缸中的魚隨時需要照料，在每次與客戶的接觸中不斷提供協助，而不是一味的銷售產品，或總是做一次性銷售的業務員。

朋友一談保險就色變

你可能會問，為什麼很多人即便與朋友有良好關係，但提到保險話題時就會變得冷淡，甚至拒絕碰面。這是因為你可能沒有從顧問的角度出發，未能讓他們感受到需要你的存在。也可能每次只是以業務員的身分進行交易，就像把魚放入魚缸卻不再理會，這種被忽略的魚終究會死掉。核心問題是，你是否真正觸及到他們的困難點。如果沒有，你只是賣給他們一個產品，他們以朋友的身分捧場了，也認為這已經「夠朋友」了，希望你以後別再來推銷。

很多保險業務員都只停留在朋友的層面，這就解釋了為何每次都是一次性銷售行為。因為他們未能從朋友分轉換為顧問分，未能進入客戶人生需求面，導致無法進行診斷找出真正的問題，所以客戶不會再有興趣與他們合作，感覺對方只是不斷推銷產品。

另外一種成交的情況是，客戶的關係分數只在 5 分以下，你所能銷售的只是政府規定的強制險。若業務員足夠熱情，再加上一點小專業，可能還會順勢推銷保費不高、保額也不大的醫療險，因為客戶實際上還不太相信他們具備專業知識，就會對更大

金額的保險規劃缺乏信心。

成交關鍵，從朋友分轉為顧問分

如果你和對方聊得很深又持續了一段時間，應該要了解朋友的擔憂，並且引導出客戶急迫地「想要解決問題」。

如果你只是為了維持朋友的關係而隨意聊天，那也沒關係。但如果你希望成為他人生中的顧問，除了保持朋友的關係外，你必須看到他所面臨的困境，你對他的提問是否能夠讓他思考自己面對的困境？你能夠從他的回答中得出他目前最擔心的問題嗎？只有這樣，你才能夠從朋友分轉變為顧問分。

在成交的第三個過程中，一開始我會用朋友的方式接觸你，目的只是為了了解你這個人，真正認識你，經過探詢關心診斷後，並開出藥方，最後才付費取藥。然而，很多人在這一步就停下來了，因為他們覺得一旦深入，對方就會開始有防備心，認為他們是在推銷產品。或是從第一步尬聊之後，就急著銷售商品。

我說，醫師如果連診斷都沒有，怎麼敢隨意開藥給患者？一個合格的醫師應該首先了解對方的問題，而不僅僅關注表面的問

題，就開藥方。如果你只是想草率地轉向業務分，那麼你跟庸醫有什麼差別。

所以在提問的過程中，你完全不必擔心自己是在探詢對方的隱私，因為你是在確認對方的需求，並做出正確的診斷。

這就是為什麼顧問分這麼重要。如果你不提出問題，直接提供解決方案，如何能協助他做出正確的選擇呢？但如何能有正確提問的技術，不要像法官在問案的方式，也是重要的練習。

實際上，成交過程中最重要的就是顧問的階段。從朋友的角色過渡到顧問的角色，是幫助對方確認問題的過程。顧問的目的在於協助對方確定需求，而不僅僅是匆忙提供解決方案。如果你在這階段能深入了解他的需求，他就不會誤以為你只是要他購買保險。例如，你可以問他關於他對醫療的認知，或對健保的了解程度，甚至更深入探詢對醫療品質的要求是如何？這其實是在幫助他做出明智的選擇，而不只是探問他的隱私。

就像進行醫療診斷一樣，必須做到「望、聞、問、切」少一個步驟都不行。為什麼需要買長照險？他的人生是否思考過發生重大狀況（例如失智或其他）下，生活模式會有什麼變化？甚至

Chap4

會影響到哪些人？這些都會是開立處方的必要資訊。很多人因為擔心對方會感到壓力，所以不敢進行這樣的討論。但是這不應該成為障礙，因為這些資訊才能協助他面對這些困難，才是真正幫助他解除擔憂，避免吃錯藥，並不會給他帶來壓力。

許多新進的業務人員會不好意思提問，但關鍵還是在於你如何提問。如果你不問問題，對方並不會主動思考，就會覺得沒有需求。

總之，成交過程中的顧問階段至關重要。不要害怕提問，因為不提問只會讓對方在事後後悔。只要問對問題，你就能展現你的專業知識，協助對方做出更明智的選擇。不要只想著透過朋友分或業務分來銷售，這並不是正確的方式，也不會長久。

業務員分是引導客戶做出明智的選擇

通常情況下，我們會遇到這種對話——

客戶問：「你說要買醫療險，你能告訴我大概需要多少預算嗎？」然而，當我們按照客戶說的預算提送建議書了，為什麼他們最終選擇不購買呢？可能是因為他們內心深處認為有健保就

足夠了，或是覺得醫療保險太昂貴了，還不如繼續使用健保。

這時候，你需要進一步確認他們內心的擔憂是什麼。他們擔心的是健保不夠嗎？還是他們想要更高水準的醫療服務？他們明明主動來咨詢，是因為他們希望得到超越一般人使用健保的服務水準。如果是這樣的話，你應該再次確認他們的需求。這樣的確認，對於明白他們對醫療的期望、品質提升的願望非常重要。如果你可以先釐清他們的需求，再提供相對應的方案，而不是直接提供醫療險建議書，他們就不會輕易拒絕了。因為你已經幫他們釐清了醫療需求及品質提升的重要性，而不僅是單純地要他們買保險。

健保就像是公共汽車，平時使用方便，但在緊急情況下，你不會選擇公共汽車，而會選擇更快速、專業的交通工具，比如捷運或計程車。在人生面臨最辛苦的時刻，你不該只有一種選擇。如果你只需要多花一些錢，就可以獲得更高等級的服務，你願意嗎？而這些較高等級的服務中，你更願意選擇捷運、計程車，還是量身訂製的專屬選項呢？透過這樣的討論，我們可以讓對方更清楚地理解，買保險是為了提升更高等級的醫療服務量身訂製，而不僅僅是買保障而已。

Chap4

當然，某些業務員可能害怕提問會讓對方感到壓力。但實際上，不提問會讓他們後悔的可能性更大。問題不在於提問本身，而在於問題是否正確，是否針對對方的需求。如果我們能夠在提問中展現對對方的關心和深度了解，讓他們知道我們有能力幫助他們做出明智的決策，他們就會更加願意與我們合作。因此，提問的關鍵在於確保問題恰當並針對對方的需求，而不只是為了達成交易，因此更正確地解釋「提問」其實就是和客戶「確認」。

　　所以，對話中，切記不要直接進入銷售模式。理解客戶的真實擔憂，然後確認他們對於醫療服務的期望和需求，這樣你才能提供更具針對性的方案，並幫助他們做出更明智的選擇。這樣的確認過程能夠使他們意識到，你真的在乎他們的需求，並且能夠提供真正有價值的解決方案。

拒絕情緒勒索，理性做好保險三階段

　　保險業務員的角色，不僅僅只是提供保險建議和投資理財方案，**更重要的是幫助客戶思考**，引導他們了解這些規劃背後的價值和影響。這種全面的協助將使客戶在財務上得到支援，幫助他們在生活中做出更全面的決策，為自己創造更好的未來，同時也避免對他人造成無法彌補的傷害。

當然，如果我只是你的朋友，我可以聆聽你的煩惱，我可以聽你說抽菸有多好，但是我沒有義務引導你解決問題，因為我不是顧問，也不是醫師。相反地，如果我扮演醫師的角色，我必須告訴你不能抽菸，即使你覺得抽菸很好。保險業務員的角色也類似，如果我能夠辨識出你的問題，卻無法協助你解決，那麼我就不符合顧問的定義，雙方僅止於朋友的關係。

　　然而，我已經開始診斷你的問題，並陪著你面對這些挑戰。最後，我會行使業務員的職責，將適合的解決方案推薦給你，只有當你同意接受這些方案，才能夠正式執行。這三個階段在保險成交過程中是非常關鍵的，而在其中的每個階段，我們都需要保持理性和明智的判斷。

　　因此，一旦陷入不理性的狀態，就可能導致我們回到朋友的層面，或者錯誤地以為朋友就一定要購買保險。這是不正確的觀點。如果沒有感受到生病的可能性，為什麼會考慮購買保險呢？因此，行銷的這三個階段，必須循序漸進，不可以因為我們是朋友、是家人，或是親戚，就預設對方必然要支持。

　　因此，你沒有理由指責家人或好友不支持自己。因為若你並未協助他們意識到或診斷出他們是否「生病」，那他們為何要買

保險呢？若我們是成熟的業務員，絕不會要求沒有生病的朋友（或家人）吃藥，因為這是不合理的。然而，當我們能夠幫助對方了解他們可能患有何種「疾病」，以及必須吃什麼「藥物」，這才是稱職的保險顧問。

這也提醒我們，在行銷過程中應該專注於提供客觀、專業的建議，而不是操控情緒或利用關係。如果我們藉著情緒來推銷，所購買的保單也不大，對方可能只購買一張強制險，交易就結束了。成熟的業務員應該以專業的角度，幫助客戶認清現實，理解他們的真正需求，並提供適切的解決方案。

因此，一名業務員就像一名醫師，同時要擁有藥師的專業，能夠診斷並開立適當的「藥方」。最後，我們才能進入業務的階段。這三個重要觀念應該深植在每位業務員的核心價值觀中，讓大家明白，我們無權也不必使用情緒來逼迫他人，因為我們擁有診斷的能力。

接下來，關鍵就在於如何診斷客戶的問題，並提供解決之道。這部分就像醫師的職責，他們需要判斷病情，並開立適當的處方。同樣地，成熟的業務員也需要這樣的能力，能夠準確診斷客戶的需求，並提供解決方案。

三環管理：
動機、技術、活動量

　　主管輔導的工作開始於增員階段。當你尚未考慮投身這個領域，甚至對自己未來還茫然無所知的時候，或者在你尚未下定決心的搖擺期，我會去激發你的動機，讓你願意進來這個行業。一旦你進來之後，我會引導你的成長，培養你的技術，以確保你能夠產生足夠的活動量。相對的，如果缺乏技術支持，或精通了錯誤的方法，你的活動量都可能變成挫折。

　　三環管理的理念是一個動態的過程，讓它們緊密連接，並且能夠運作。所有的技術都是從這個過程中延伸出來的，而我們的目標是將這個心法落實到做法——你必須有更強的活動量，才能成為更優秀的輔導人員，去訓練其他人。缺乏技術、缺乏活動量，甚至失去了動機，那麼你將無法產生真正的利他行為。當你

的行為不再以利他為出發點，你所使用的方法和技巧都是為了自己，一旦失敗，就會帶來許多挫折感。

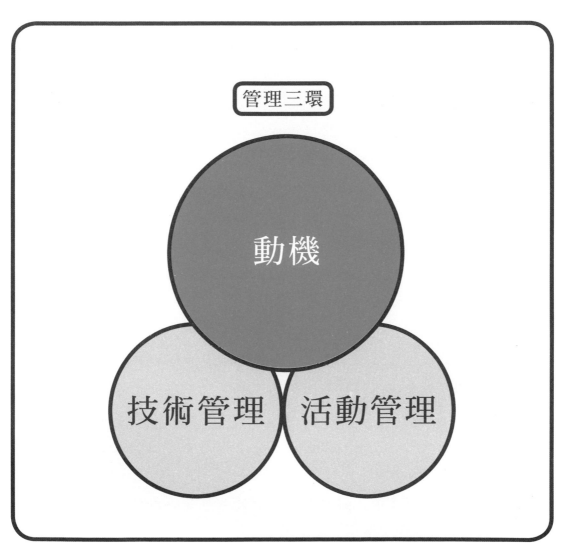

圖：三環管理

動機管理

「我想要透過自己的工作，協助更多家庭免於擔憂，並實現人生夢想！」

動機也涉及到你對於保險的價值定位，這可以比喻為你心中的地圖。無論你是業務員或主管，你是否對於壽險的價值定位有清晰的理解，並堅定不移？以人生需求的金字塔為例，第一層需求必定是解除你的擔憂。舉例來說，如果我的保險不足，我不在的時候可能會給家人帶來經濟壓力，或者我的醫療險不夠，會拖累我的家人……。第二層需求是退休規劃的理財。如果你一生辛勞存錢卻沒有具體目標，你覺得真的能存到錢嗎？為什麼我們需要投資理財，就是為了確保在無法工作的時候仍然有穩定收入，不必倚賴別人生活。

理財的真正目的不就是為了有效規劃退休生活嗎？所以**業務員的動機，便是為了客戶在沒有工作的情況下提供支援**。這個概念相當清晰，然而，大多數的業務員在行銷儲蓄投資理財方案過程，並沒有充分掌握這些技術。

推薦人們購買儲蓄險時，你是否曾思考過他們為何需要儲蓄

Chap4

險？答案可能是為了應對未知的緊急需求。然而，這種需求在你還有工作收入的時候通常不會出現。它主要是為了應對在你無法工作的時候所需的資金。只要你還有收入，你並不需要為這種不時之需做準備。因此，理財真正的作用，是在你中斷收入時提供幫助，而在這種情況下，透過保險規劃就能幫上忙了。

如果你在四十五歲失業，雖然也是中斷收入，但你應該或一定要尋找下一份工作。另一種收入中斷的狀況是退休。退休會有兩種情況，一種是到達法定退休年齡，另一種是提前退休。退休年齡是否一定要達到六十五歲？實際上並非如此，只要你的財務狀況已做好準備，你是可以提早退休，也代表你已實現財務自由。

當我們動機明確，在行銷時，就能夠向客戶傳達正確的理念，也就是每個人選擇固定收益的儲蓄險或做不固定性收益的投資險，都應該是為了應對收入中斷的時刻。

活動量管理

對業務員來說，活動量很重要，因為只有充足的活動量才會有足夠的經驗並產生卓越的業績。就好比刀子需要不斷的來回磨練，才會越來越利。因此，你需要積極拜訪客戶，才能夠發現技術的不足之處。如果你沒有嘗試，又怎麼能覺察需要改進之處？只有透過實際操作，你才能夠發現不足，然後回來再次訓練。就像刀子需要經過反覆磨練，才會銳利，刀磨好了就去試試看能不能切，切不動時，就回來繼續磨。

任何技能的提升，都是來自於不斷的練習，你跟客戶互動的頻率越高，察言觀色的能力越強，技術也就越趨成熟。唯有充足的活動量才能產生高品質的成果。活動量是提升技能和業績的基本要素，但能夠將活動量轉化為持續的學習和改進，才是實現成長最重要的關鍵。

只要你對這個行業感興趣，這些技術都是需要慢慢累積堆疊，不是一蹴可幾的。重點是，許多的學習，都來自於市場中碰到的實務問題，你必須去接受試煉，然後再回來進行驗證，從做中學，不用急。

行銷的過程中，當商品很強，客戶一看就喜歡，行銷的功力就會遞減；但商品的強弱是與大環境的需求息息相關的，所以當大環境並非順境或供過於求時，

就需要行銷技巧來激發對方的需求，所以銷售技術分為內功及外功。當你用了一群有內功的人，還有強勢商品，可以解決客戶問題的方案，業績自然就如魚得水。

這幾年來公司推出了許多讓人眼睛一亮的商品，多元化的商品加上大環境的優勢（經濟及高齡化需求出現），其實反而讓我們的內功減弱了，我們忘了要去探詢對方的困難，只要直接拿商品問客戶要不要，做到基本朋友分的熱情，通常十有八九都會成交。所以，漸漸的我們從醫師的角色變成藥劑師了，沒有問診的能力，直接問客戶要不要吃這個藥。

少掉問診，就少掉專業，也少掉我們對客戶的關心及自己精進能力的動機。大家都在比較商品的好壞。客戶會直接拿商品，等同在藥局買藥而已，根本不是去看診。當業務員不再問診（探詢客戶需求），只是很會賣東西，當然價值就降低了。

更糟的是，很多藥其實功能都差不多，所以直接比較價格。客戶只是在比你有這個我為什麼沒有，之後價格一比就忘了功能。到最後，明明不是客戶需要的功能，只因為便宜就買，還一直吃這個藥。

當問診的能力不見了，我們真正的優勢也不見了。

所以我們必須回頭來問診，確認客戶買的到底是不是他需要的東西，這是保險業務員在行銷流程中必備的技術。否則現在數位櫃台已經做得非常好，客戶只要去平台上勾選自己喜歡的就好，不用對症下藥。但大家不要忘記保險這個平台，真正的目的是要解決客戶的困難跟需要。

把心法落實到做法

AI 時代來臨，如果你希望未來不被機器人取代，就必須要有問診的能力。唯有具備問診的能力，你才能成為對方心中所認同「師」字輩的人。

如何提升自己成為醫師而不是藥劑師，重點就在你不能只是會推銷商品給客戶，卻不一定是客戶需要的解決方案。舉例來

說，嗎啡本身並沒有好壞，因為它可以緩解癌症病患的疼痛，可是你拿來吸毒就是壞的，所以差別在哪裡？差別在有沒有問診，有沒有確認對方的需要。東西沒有好壞，商品沒有顏色，你賦予它不對的顏色，才會得到不對的結果。這個商品適合 A 不一定適合 B，可是如果你沒有問診，你就會兩個人都推一樣的商品，但其中一定有人會買錯。

拿防疫保單來舉例。防疫保單很明顯就是短期的需求，卻被拿來變成賺錢的商品。保險的意義是在彌補損失，可是後來變成想要用保險賺錢，人性的貪念就出來了。其實保險是不能貪的，它是一種責任——「當我不小心怎麼樣的時候，這筆錢能幫我、代替我完成責任」，這就是保險的價值。

其實這幾年整個壽險業順勢順境，順境來的時候都是這樣銷售商品。長照也是個順境，台灣已經走到老齡化的社會，大多數人正面臨長照的需求，也正好是規劃的好時機。這是個新的話題，另外這幾年的存款利率較高，所以大家都順水推舟，商品利率只要比銀行好一點就容易吸引定存族的客戶。順境就打順手牌，不用什麼高深的技術，時間一久，沒有持續練功的人，就自廢武功了。

其實不只一個公司，大多數公司都這樣，拚命的推出新商品。只要其中一家推出 2% 利率，另一家明天就推出 2.1%，忽略除了利率以外的功能。為了追求利益就在紅海裡廝殺，低估商品對客戶的意義，只是互相比較商品。相對的客戶也是跟著潮流走，因為多數的客戶根本不知道他自己需要什麼，比較了半天，只因為利率多 0.1% 就買了，根本沒想過自己理財的目標。

此時動機就顯得很重要。例如 A 公司醫療可能較強，也許 B 公司壽險較強。每家保險公司各有不同的強項，有些著重在活著時候的醫療險，有些可能著重死後留下的保障，而事實上功能各有優劣，精算師計算時其實會做全面考量，這些都需要靠專業的業務員更進一步和客戶討論，甚至加入客戶財務方面的考慮，而非一味地就價格或商品面就購買。

真正坐下來和客戶討論困難，進而全面了解客戶既有的準備及規劃的順序，並確保資金運用不會因保費而互相排擠，這才是專業的壽險顧問角色。

三環管理環環相扣

三環管理，環環相扣，只要能夠有效地運用，不僅能夠行銷無阻，還能成功帶領團隊。而這個成功是可以複製的，因為這裡不僅有技術、有方法，成為可操作的系統。只要你能夠堅守這三個環節的管理，你就具備了信心和技術，一次次的複製成功，不斷地引導新人成長。

可惜，很多主管雖然有動機，但缺乏技術，當業務員碰到瓶頸時，他只能關心喊加油，沒有辦法提供技術的協助，真正幫助業務員成功。

許多主管一直要求業務員增加活動量，但業務員在行銷過程卻一直使用錯誤的方法，卻沒有得到正確的輔導及矯正，挫折一多，很快就失去繼續做下去的勇氣。

反而讓業務員在面對客戶時產生恐懼，熱情逐漸消退，業績卡住了，對於當初入行的目標自然也失去了。

我之所以如此堅持三環管理，是因為近年來我不斷致力提升業務員的價值定位。可惜的是，往往業務員及主管因為過於追求業績數字，忽略基本的訓練而自食其害。就如同若一個沒有受過

醫學系七年的訓練，卻想要幫病人開藥方甚至還要求患者付費，這就等於是庸醫的行為。

我渴望讓所有人明白這其中的代價。若你想在保險領域中取得卓越成就，你必須擁有強烈的渴望，並願意付出努力積累技能。我希望能將這份價值傳承給每個業務員，不可心存僥倖，也別奢望不勞而獲。因為每一次的訓練，每一次的輔導，都將改變你的思維和行為，養成獨特的氣質，並造就有文化的團隊。

當然在過程中，還是有些人會因為不適合而離開，但你不需要過於自責或中斷你的系統，因為你明白你的管理機制是對的，一定有人能因為成功而留下來，也會有人因不適合而離開。各行各業都是如此，只要你能持續複製成功，一定會帶到可以成功的人。而且，當你以完整的三環管理系統來帶人，最後即使還是因為不合適而離開，他們也會感激你，更不會抱怨這個行業，因為他們知道這個系統是正確的，只是他們自己並不適合。這正是我在這個行業三十一年的最大感悟，當你真心為他人著想，你就能夠擴展出更多的技術，創造客戶、公司及自己的三贏。

輔導系統的功能，主要是在前端為業務員打通任督二脈，建立正確的價值觀，之後，業務員就會開始有活動量產生。否則，

不論你如何訓練，都不會有太大幫助，業務員只會邊做邊懷疑。
這也是我一直認為只做訓練並沒有太大用處的原因。惟有在正確
動機的情況下，訓練才會發揮實際效果。而當你具備了動機，並
且經過訓練後，你可能會發現某些地方不足，需要藉由輔導系統
來進行修正，這就是三環管理。

約訪的三大策略

在輔導的過程中，我們需要幫助業務員培養必要的能力，以便他們能夠有效地與潛在客戶互動。其中一項就是約訪的技術，主要分為以下三種策略。一樣不變的原則「利他」，即站在對方（客戶）的立場思考該如何約訪：

有利對方的策略：在約訪時，我們應該強調對方會因此受益。例如，我們可以針對對方的需求和問題提出解決方案，以展示我們的產品或服務對他們的價值。這種方法可以增加對方見面的興趣，因為他們感覺到這次會面對他們有實際的好處。

引起好奇心的策略：我們可以運用一些客觀的數據、成功案例或創新概念來激起對方的好奇心。這將使對方對我們的面談內容感到興趣，並希望了解更多。好奇心可以成為推動對方參與會

面的動力。

攀關係的策略：建立關係是業務成功開展的關鍵。我們可以藉助人際關係來約訪對方，例如，如果我們有共同的聯繫人或朋友，可以借此做為約訪的契機，甚至讓對方成為值得尊敬的長輩或前輩，可以幫助別人。這是透過建立親近和信任的關係，我們能夠更容易地約到對方。

最後，如果在您的名單中找不到上述三種策略之一，您可以選擇使用線上溝通工具如 LINE，與對方保持聯繫，同時探測他們對於會面的態度。這樣可以在維持關係的同時，了解他們的需求和期望，以便在合適的時候提出約訪的建議，先經營關係再見面。

例如，我要如何確定小芳喜好什麼呢？我會偶爾提供一些有趣或各種時事的話題，如果他沒有回應，我會試著分享一些理財相關的資訊。沒想到，他竟然突然問起我有關理財的事情，於是我開始進行分類和觀察，分類客戶的屬性。然而，大部分業務員在這個階段往往缺乏深入的評估，隨意地亂丟話題。

他們每天都不斷地拋出各種梗圖、內容，這種行為有點像亂

槍打鳥，缺乏策略性。

其實交流應該更具有目的性，才是有策略地在經營。你必須想清楚為什麼要這樣做，因為我們的目標是要測試出對方對哪種話題感興趣。透過有目的性的交流，我們才能更有效地了解對方的喜好和關注點。

將客戶分類

「定聯」的過程中，你必須了解潛在客戶的喜好及需求，以便更精確地提供相關的資訊和建議。舉例來說，有些人可能在風險保障方面有需求，而另一些人則可能對投資理財更感興趣。還有一些人可能已經累積了相當的財富，正面臨財富傳承的問題。

有了這樣的分類，在和這些準客戶會面時，就更能精準出現有價值的對話。因此，在建立與他們的深入聯繫之前，你需要清楚地了解他們的需求，避免亂槍打鳥。

就好像很多人會記帳，但卻未必明白記帳的目的所在。如果只是隨意地記錄每日的花費，就如同一個無分類的流水帳，很難清楚自己的財務狀況。記帳的目的是為了讓你能夠進行有效的分類，當你面臨資金不足時，可以明確知道哪些支出可以節省或調整。

所以，我們在輔導案例時，也會針對伙伴的經營客戶給予正確的技術做建議，讓伙伴習慣並正確和客戶互動。包括如何適時地引入不同話題，以便更深入了解對方的需求和興趣，並且能夠整理分類這些信息。這些技巧不僅僅是隨意的交流，而是建立在清晰的策略基礎之上。我們要確保每一次的互動都是有目標的，這樣你才能在未來的交流中更精確地鎖定對方的關注點。

成為頂尖業務員，不僅僅是單純地執行某些行為，更重要的是明確知道你為什麼這麼做。這種自覺將幫助你更有方向性的與潛在客戶互動，得到更好的效果。

邀約久未見面的朋友

重新聯繫多年未見的朋友時，如何邀約見面？我認為關鍵在於「熱情」。你是否有足夠的熱情，願意了解他們近期的經歷，並提供幫助。朋友分的建立起始於熱情。若你連這份熱情都缺乏，那麼建立朋友分的可能性微乎其微。

另一方面，舊識之間若彼此疏於聯絡卻在十年後再度碰面，一旦他知道你是從事保險業，可能很快就消失不見。因為他會認為你是帶著目的前來。

所以，要如何邀約見面呢？你必須遵循「約訪的策略」。

首先，你得從他的立場思考，邀約是否對他有利？如果你熟悉他，你一定能找到對他有利的理由。第二，你的邀約是否能引起他的好奇心或興趣？若以上兩點不成立，只能採取第三個策略：以「好久不見」為由，或反過來表示對他現況的關心（或好奇）。

一般人都喜歡做對自己有利或有興趣的事，或者是受別人關心。只要符合這三個原則之一，基本上都能成功約到人。唯有面對面的交流，才能真正開始建立朋友分。

如果好久未見，又不符合上述三個原則，我建議稍微等待一段時間，暫時不要邀約。在這段時間裡，你可以持續管理你的名單，展現熱情，努力把名單變朋友，屆時再採取行動。如果急於求成，罔顧邀訪的三策略及行銷三步驟，最後常常會無功而返，少了一個潛在客戶，反而得不償失。

輔導的重點也在於幫助業務員找出約訪的三個策略之一。找不到時，就等待適當的時機。其實我發現，當一群人集思廣益，往往能夠輕易找到邀約的理由。舉個例子，如果正好碰到報稅

季，你可以與對方分享一些報稅的竅門。尤其政府有許多報稅福利，只有知道或懂得運用的人才能受惠。只要理解這些小技巧，或許就能降低稅款。現代家庭常聘僱外勞來協助照顧長輩，其中的「聘用許可函」居然可以抵十二萬元，我相信很多人其實並不知道政府有這樣的福利措施。

以上案例，也是透過團體輔導案例集思廣益所想到的約訪策略。所以只要能引起對方的好奇，你就能成功邀約。這些都是保險業務員專業的體現。

好久不聯絡的朋友或同學，重新聯絡時可能會讓你有強烈的行銷壓力，因為目的性太強。在小組案例輔導時，我們會問業務員：

「你和這位朋友以前是什麼樣的關係呢？」
「我們是同學，然後以前在社團裡也算是不錯的朋友。」
「那你為什麼會想到這個名單呢？」
「因為我們以前一起參加社團活動。」
「那你有考慮過在聊天時談論社團的事情嗎？」

你是否考慮過先建立起朋友的關係呢？為什麼一見面就急於

開始銷售呢？或許在你的心中，銷售的目的性太強，所以這樣的心態可能讓對方卻步和你見面。

所以，回到銷售的三個階段，假如你之前跟對方是朋友，首先要回歸到朋友的關係，不要直接跳過這個階段，因為你們已經失聯了一段時間。你可以先問對方這幾年發生了什麼事情，重新建立聯繫，而不是急於跳過朋友的階段，直接進入顧問或銷售的階段。會出現卡關的情況，通常是因為你過早將注意力放在業務銷售上，所以這時候的重點是要避免這樣的念頭，不要一見到對方就想著銷售。事實上，人們天生是喜歡購買的，這是內在的需求，然而他們不想購買的原因正是因為你一直在他們身邊強調銷售的目的，因而他們拒絕被推銷。

創造一段愉快的購買之旅

業務員必須提升自己的專業成為「師」字輩的水準，才能擺脫停滯在朋友分的狀態。大部分業務員很容易卡在朋友分的層次，於是只能「教導」朋友要怎麼買保險。然而，沒有人喜歡被「教」，但人們確實是喜歡購買的。只要產品是他們真正需要的，他們就願意購買。就像看到廣告後，我們也會腦波弱，一受到刺激而產生購買的慾望。像我去逛百貨公司，明明也沒有特定目標，但隨意看一看，就會發現某樣東西不錯忍不住就買了。

因此，請一定要記住這句話：「人們喜歡購買，但不喜歡被推銷」。

儘管人們喜歡購買，但他們不喜歡被推銷。行銷的技巧在於你如何陪伴客戶購買他們的必需品。所謂的必需品就是指「理財金字塔」的三層需求，明白客戶是在意哪一層？你需要在客戶身旁時刻提醒他們：「這是你在意的嗎？是你的困難嗎？你想要解決嗎？」所以，你既能以朋友分發現客戶的困難，又能以顧問分的角色提問他們是否願意解決。這樣一來，你就像一名專業醫師，經過正確的診斷之後，開出適當的處方，並確保他們按時服藥。並同步想想你的專業技術是否滿足客戶的需求，解決客戶的

想要、需要及一定要。

　　既然人們喜歡購買，我們的目標應該是創造一個「購買之旅」，在這個過程中我們陪伴著他們，而不是僅僅試圖推銷產品。我們要成為他們購買旅程的一部分，了解他們的需求和動機。我們必須明白，人們為什麼需要購買，他們是否遇到了某些問題或困難需要解決。因此，我們要建立起一種深入了解客戶的關係，以便找出真正解決他們問題的產品或方案。想成為「師」字輩的人，我們不能僅僅迎合客戶想買的東西，而是要找出他們實際需要的東西。

　　「一定要做的事」常常不等同於「想做的事」。人們傾向於優先做喜歡或想做的事，但一定要做的事通常與想做的事產生衝突。我們的目標是提升客戶，我們要引導他們意識到什麼是真正需要的，而不僅僅是迎合他們想要的。在這個過程中，我們不是只陪伴他們購買想買的東西，而是幫助他們了解什麼是他們一定要購買的。這個「購買之旅」將引導他們看到我們不同的價值定位。因為我們並不會引導他們購買他們想要的，而是幫助他們確認他們一定要的。這就叫專業。

Chap4

邀約特定目標的客戶

另外一類客戶則是還沒有明確需求的人，那麼如何有效邀約呢？當遇到這樣的客戶，你可能需要投入更多的時間、耐心及等待，然而，在等待的同時，你也需要有明確的策略。因為這類客戶的反應時間可能較長。在這個過程中，你可以嘗試不同的方法來刺激他們的興趣。

例如，向他們提供有價值的資訊、專業見解，或者參與他們關注的活動或話題。這些做法不僅能夠保持你們之間的聯繫，還能夠展示你對他們關切的態度，進一步加強你們的關係。

記得我剛入行不久時，我的前老闆介紹了一位客戶給我。當時他是某證券公司的副總，我每次嘗試聯絡他，他都表示非常忙碌，但也沒有明確拒絕我。當時，我剛入行，渴望能夠涉足高階層的保險業務，所以我決定堅持下去。我設定了固定時間聯絡他，每次他都給我軟釘子拒絕，但我都詳細地記錄下來，以免忘了繼續聯絡他。因為我不希望讓這些約定一再延遲而被遺忘。同時，我也定時地向他問候，保持輕鬆的交流。

還記得我第一次約見他時，我還未懷孕；然而我最終取得與

他見面時，我已經懷孕且要生產了。這段長時間的堅持和耐心，讓我與這位客戶建立了好關係，並在適當的時機見面了。

這個案例展示了在業務擴展中的堅持和對待客戶耐心的重要性。透過妥善的計劃、記錄和持續的關心，我成功地建立了與這位客戶的關係，即使經過長時間的等待。

有趣的是，見面時我的第一句話就是跟他說，副總您知道嗎，您本來可以在我比較正常的時候見到我，結果您現在卻看到一個水腫的孕婦了，我真的等您很久，至少有十個月以上……。

我笑著問他，「您為什麼會想到找我呢？」他的回答讓我驚喜不已，他說：「我發現很多業務員在幾次聯絡後都慢慢消失了，唯有你還持續保持關心與聯繫。」這是很典型的狀況，只要你能夠耐心等待並持續追蹤記錄，就一定能夠找到成交的機會。而且，成交的金額通常都相當可觀。

然而，令人感到遺憾的是，這位客戶在前幾年因為罹癌而離世。我也才知道，他這一生也只購買了我所提供的這張保單。只是當時經過討論後，我們雖然因應他的壽險責任完成了八百萬的保障，但未能解決他資金安排分配，又因為購買一份八百萬的

終身壽險需要支付相當可觀的保費，所以後來與他溝通，決定了一個當時較適合的方案：三百萬的終身壽險結合五百萬的定期保險。這種結合方案能夠在一定程度上平衡保費支出與保障範圍，同時確保了足夠的保障。

儘管客戶是一位看似冷漠的高階主管，對我送的年曆也不覺得需要，拜訪時他也沒有太多時間與我交談，但我仍然不遺餘力地保持與他的接觸。有一天，他突然打電話給我，他的聲音極為沉穩，主動約我與他太太見面。我問：「副總有什麼特別需要嗎？」他答道：「我被診斷出癌症，」他接著說：「以後恐怕不會是我跟你聯絡，所以妳應該跟我太太見個面。」

這消息讓我感到震驚，我緊張地追問：「真的嗎？」他一如往常冷靜地回應：「這種事情可以開玩笑嗎？」

在副總接受治療的這段期間，他表現出極強的求生意志。他不惜嘗試榮總和台大提供的試驗階段療法，雖然他的病情已經進入末期。他的妻子也了解情況，知道幾乎不可能挽回生命。做為守護他與他家人保障的我，必須向副總的太太嚴肅地說明，一旦超過五月份，理賠金額將減少五百萬（我覺得有必要提前告知她這一點），以免到時候她對理賠金額減少五百萬感到驚訝。

但最終，副總並未等到治療的最後時刻，選擇了一個最完美的時機離世。他的選擇讓他能夠在家人的陪伴下安詳離開，同時也讓家人取得了八百萬的理賠金。

保險業務員永遠存在著天人交戰的情境。以這個案例為例，勉強治療也許有一絲絲存活的機會，但真實層面上，即使盡了最大的努力，病人最後還是可能離世。一旦時間拖延，家屬可能會損失五百萬的理賠金。然而保險領域總是存在這樣矛盾的灰色地帶。

這個案例中的每個關鍵都極具挑戰性。我們需要在不確定的情況下做出決策，平衡家屬的需求、醫療狀況和理賠金額等多重因素，所以定期和客戶面對面討論、檢視保單是很重要的保險從業價值。這也正是為什麼我們在這個領域可以獲得高薪的原因之一。

這個案例事實上展現了從一開始的名單建立，一直到客戶走過一生的完整軌跡。我經常以這個案例來分享，當初我給自己設定目標時，作為一名普通的業務員，難得有機會能夠和如此高層次的人士達成交易。因此，我認為重點**不在於他是否需要，而是在於我是否願意堅持**。我知道只要我將客戶當作目標，並持續不

斷地追蹤，最終勝利將屬於我，同時也見證業務員是具有掌握業務的能力，而非成為一個永遠被控制的業務員。

這個故事也彰顯了人生的變故和不可預知性，提醒我們要對每一次的交流保持敏感，即使對方表現得冷漠，我們仍應全力以赴。這位客戶的突然發病，讓我們再次深刻體會到健康和人生的無常，因此我們應時刻以專業和關懷的態度面對每一位客戶。

傾聽，才是提問之道

　　銷售的目的並不是為了自己的佣金。如果我們相信「人生總分給付制」，就不應該為了個人的業績，而向客戶推銷不適合的產品，因為這樣的業績只會帶來負面的回報。

　　我們所銷售的商品應該是客戶真正需要的，當面對客戶時，我們不應該亂賣東西，每個商品都需要經過研究，並且清楚地了解客戶的需求以及產品對他的好處。可能你會問，如何確定客戶的需求？這就需要我們用心傾聽，了解他們所面臨的難題，看我們是否能解決他們的問題。

　　要如何與客戶溝通？如何提問，才能瞭解他們內心的痛點以及需要協助的地方。當我們確定客戶有需求時，我們是否擁有相應的工具？我們要如何選擇適合解決他們困難的工具？而這種

種因素，都需要我們不斷提升自己，成為一名優秀的顧問。

就像醫師、律師和會計師一樣，他們因為擁有專業知識，能夠解決客戶的各種難題，因此受到客戶的尊重。然而，對於業務員而言，如果僅專注於推銷，而未能引起客戶的共鳴，無論如何推銷，都會被認為只是在「賣東西」。我們需要採取怎樣的策略，讓客戶在我們面前感到他們有難題需要我們協助解決，而我們正是協助他們解決這些困難的人選，這就是技術。

因此，在銷售的過程中，最關鍵的並非銷售本身，而是提問；提問既可確定問題，更是讓客戶面對問題的手段。

提問的技巧來自於用心的傾聽，只有當我們真正傾聽他人的聲音，我們才能了解到應該問什麼問題，而客戶的答案也會是我們再提問、相對重要的關鍵點。問對問題，才能引導客戶講述他們的困難。一旦客戶將困難向我們敞開，我們就成了他們尋求幫助的導師或顧問，就好像醫生治療病痛一樣。

病人有病才會尋求醫師，有法律問題才會找律師。要獲得「師」字輩的認同，我們必須使客戶願意分享他們的困難，這就是提問的技巧。然而，所有這些技巧都是相互關聯的。如果我們

不真心關心對方，只想著賣東西，我們怎麼能夠理解他們的困難？如果對方沒有困難，又為什麼會願意購買我們的產品？假如業務員只會一味的推銷，那麼在追逐業績的過程中，就會失去尊嚴，也沒有自信。因為他們忽略了去探究客戶的困難，也沒有以專業的態度了解客戶的問題，甚至也拿不出工具去為客戶解決困難。

在銷售中，技術至關重要，那麼是什麼原因驅使我們要去努力學習和應用這些技術呢？我們希望身為保險業務員，能夠真正幫助客戶，而不僅僅是追求業績、賺取金錢。當我們能夠這樣做，在業績增長的同時，我們也在實現自己的核心價值。如果我們能夠真正關心每個角色應該履行的責任，並且盡心盡責地完成這些責任，我們的人生就會更美好。

提問能力的評估

成為一名專業的顧問，同時需要不斷磨練的技能之一，就是提問的能力。

我們評估提問能力的方法，可以使用「朋友分」和「顧問分」的模型，讓業務員在與客戶互動後進行自我評估，之後我們再進

行追蹤及改善。一開始初訪時朋友分可能較高，顧問分較低，因為此時還只是「名單」，尚未成為「客戶」。但隨著業務員進行更多的面談，我們會觀察他們的分數是否有改變。以下是一個可愛的案例：

團隊裡的業務員小芬，自我評估的朋友分為 6 分，顧問分則只有 1 分。我們心裡想：既然朋友分已經有 6 分，代表雙方彼此是很親近的朋友，只要提問就有機會成交。在聽了小芬的描述之後，我們知道真正的問題在於，小芬其實是個非常優秀的傾聽者。她的朋友都喜歡找她傾訴，因為她善於聆聽，卻從來不敢提問。當朋友說，如果將來手頭拮据，打算靠吃雞蛋糕過日子時，小芬只是同理卻沒有做出回應。這也是她無法獲得顧問分的原因所在。小芬分享了自己的經驗，同時也希望能改變這種性格，她的自我反省展現出她的用心和成長意識。

顧問式的提問

成為一名好的顧問，需要像醫師一樣具備良好的問診確認能力，能夠知道對方的困難所在，並提供解決方案。當一個人有困難時，他才會尋求幫助，所以一個成功的顧問必須善於引導對話，以發現對方的問題。

然而，在面談過程中，許多業務員會讓對方感到有目的性，而產生防備之心。因此，我建議回歸「利他」的原則，即以對方為中心，完全不涉及自己。這樣在面談過程中，你將更多關心對方的生活經歷。如果對方是學生，你可以關心求學的經過，家庭背景，誰是照顧他的人？如果是社會人士，你可以關心他的工作，信仰。因此，我說的朋友分，只需要做一件事，就是關心。當你關心對方時，你會自然而然地想要了解他，因為了解他，你才能發現他有許多擔心。從他的人生故事出發，你可以延伸對他的提問，了解他的家庭、工作、職業、興趣和愛好，一切對談都以對方為主。

　　當然，僅僅了解對方的背景並不足夠，更重要的是要關心他的擔心。因為一個人只有在困難時，才會尋求幫助，沒有生病不會找醫師，沒有法律案件不會去找律師，所以當一個人沒有覺得他有困難，沒有覺得他有擔心，他是不會需要保險業務員的。

　　因此，我們的關心重點是針對他的擔心和恐懼。這樣他才會將你視為顧問，而不僅僅是朋友，進而主動尋求你的幫助。這是一個相對複雜的過程，因為在面談過程中，如果帶著目的去對話，這種有所求的心態對方也可以感受到，所以改變心態也十分重要。

保險業務員若想提升自己的價值定位，必須改變心態，經營客戶的擔心，而不僅是投其所好。因為大部分業務員能夠同理對方的焦慮和擔心，但卻未幫對方真正解決問題。加上當業務員自信心不足時，常常在客戶提到困難時，自己還會先找台階下。例如，當對方提到自己確實擔心，可是財力卻有困難時，業務員卻緊接著說：「好啦好啦，其實也沒有關係啦，這些事以後再說。」明明對方已經準備好要「擔心」，為解決問題而想辦法時，業務員卻為了避免尷尬，而自己中斷了話題。就像是水溫已經燒到六十度，卻突然停下來，沒有讓客戶的擔心進一步升溫。

　　的確，**人們通常不喜歡面對問題的壓力，所以他們常與問題共處。**業務員要做的就是協助對方提出困難，然後幫對方解決問題。然而，很多業務員都會犯的一個嚴重的錯誤，就是把問題提出來之後，卻未能讓問題進一步升溫，變成對方眼前應該處理最重要的問題，反而同理他眼前財力不濟，因為怕尷尬，就把問題留著與客戶共處；明明知道對方是月光族應該要強迫儲蓄，你卻偏偏說「沒關係啦，不然這杯咖啡我請你好了」。這跟看著病人有病卻不服藥的意思是一樣的。

　　事實上，人生很多重要不緊急的事才是可以安排的大事。因此，我常在假日簡訊中或平日早會上提醒業務員，我們的目標是

將所有重要但不緊急的事情納入每日行程中，以免每件事情到最後都變得既重要又緊急。

首次面談的提問重點及邏輯：Want -Have= Need

我們的輔導小組 TCT（TEAM COACHING TIME），是一組教練（大約三～四人）對一個小組伙伴（大約七、八個業務同仁）的形式。在這個小組中，我們能夠以客觀且系統性的方式，從業務員針對認識客戶的描述表格來分析現況，並探討現階段應該如何接觸到成交的過程。過程會包括探究業務員目前的朋友分及顧問分等級（包括自評及小組評分），以及他們在與客戶的對話中是否以客戶需求「理財金字塔」出發的提問結構。而成交的關鍵，則在於讓客戶對未來有確定且具體的目標。這正是以「理財金字塔」成為客戶人生目標而導出需求的核心所在。

大部分的客戶並不清楚自己的目標，需要靠業務員的提問能力把客戶需求找出來。因此，在確定需求的優先順序前，我們首先要幫助客戶釐清目標。而這個提問的邏輯就是：Want -Have= Need。所謂的目標，就是客戶所期望達到或解決的事物（Want），也就是「想要：解決的困難或決心」，而現有狀況則代表客戶目前的狀態（Have），也就是「已有的準備」。將「想

要」減去「擁有——已有的準備」，我們就得到了「需要——進行的準備」（Need）。

例如，我們想要解決人生責任不因任何狀況而失控，算出來的責任（包含房貸、子女教養費或孝親費……大約五千萬），而我們既有的準備（包含現金、存款及保單），扣除後需再準備多少？

黃金財務分配法則六三一

在第一次面談中，業務員應特別關注客戶的目標，了解他們的需求是什麼，以及他們有何擔憂。在這之後，才能詢問客戶在財務規劃上已經擁有的項目，包括已購買的保單和政府或工作上的福利等，扣除這些，就是客戶仍需補足的部分。這一步驟是業務員首次面談時必要談的內容。

事實上許多業務員在面訪時，要嘛未觸及這一步驟，要嘛僅關心客戶之前購買的產品，把自己變成保單解說者。然而，這樣的解說對客戶並無實質幫助，客戶並不只需要再次了解自己購買的保單。

另一種情況是，客戶可能只關注自己的目標，一味的述說自己的需求及願望，但業務員卻未提問他們現在擁有的情況（Have）或只是詢問客戶的預算。要知道，假如客戶尚未做任何準備，也就是 Have=0，這意味著他們的願望等同於需求（Want=Need），需要準備的就會要這麼多。然而 Have「已有的準備」還包含了客戶資金上的分配及運用，不完全是可以用來支付保障及承擔風險的預算。而這些都需要業務員有足夠的提問技術來協助客戶釐清。

　　在我們的顧問 Maps 中，有一個「黃金財務分配法則：六三一」，清楚說明了每個人的收入，在做資金分配時可以分為三大項，除了生活支出（六十％）外，還要把投資理財（三十％）及風險保障（十％）同步規劃，這對實現理財金字塔是至為關鍵的認知及做法，但每個客戶的比例是不一樣的（因為收入及個人生活習慣都不同），所以要和客戶用討論的方式，才能找出客戶真正的財務分配比例。

　　在首次面談時，「六三一法則」是一個非常好用的工具。這裡必須強調的是，無論你是用來詢問客戶的人生目標或是財務分配，都必須用「討論」的方式來進行，單向的說明如同在說服或「教」客戶如何做資產分配。在前面的章節我們已經談過，沒有

Chap4

人喜歡被「教」，一旦你想「教」客戶時，通常對方也只是「聽到」而已，不會有所行動。「討論」的目的是引導對方思考，讓對方確認自己的需要，不是被強迫購買。而這樣的技術，必須透過輔導系統才有辦法做到同仁在客戶端用討論方式進行，訓練系統只會教法則，但卻不會教你如何應用！

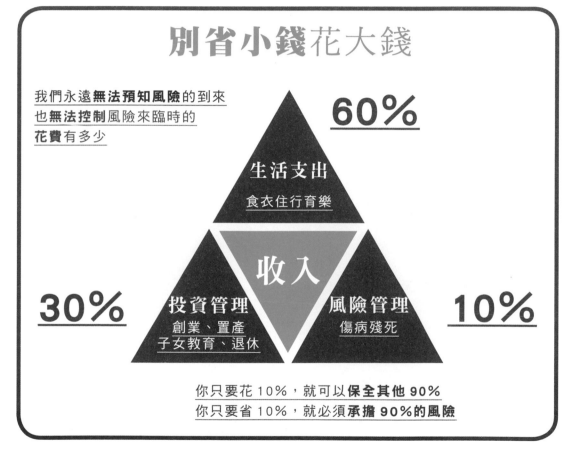

圖：黃金財務分配法則：六三一

首次面談如果沒有把 Want 及 Have 和客戶討論，僅是不斷的對話，就完全不算有效面訪了。這也是許多業務員跟進客戶四、五次都無法成交的原因，因為他們沒有進行有效的檢核。

因此在首次面談的輔導中，我們會問業務員，是否談到客戶的目標、客戶的擔憂，以及是否運用了「人生地圖」、「理財金字塔」的模型，及「六三一法則」來確認客戶的需求以及需要補足的部分，同時也可以多詢問：「爸爸媽媽或誰會給你什麼建議」（決策者）以及「有沒有誰來跟你談過」（競爭者），這些都是規劃並送出建議書要考量的問題。

在銷售流程中，首次面談的目標是提供建議書，若無法診斷出任何客戶需求，就無法提供相應的處方箋，也無法製作出保單建議書。

觀察、確認與引導的藝術

把焦點從自己身上移到對方身上，也是業務員必須具備──觀察蛛絲馬跡的能力，就像柯南一樣。柯南在每個場景中都能敏銳地啟動他的觀察力，使用視覺、聽覺和嗅覺等感官來察覺一切微小卻關鍵的問題。然而，台灣的教育體制存在一些問題，使得

現在的年輕人普遍缺乏觀察能力或好奇心，或許是因為生活過於舒適或認為細節不重要而變得漫不經心，甚至完全放空。但身為專業的保險業務員必須時刻保持敏銳度及覺察心，隨時打開自己的感官，去看、去聽、去感覺，來捕捉客戶的信息並和客戶確認「為什麼」。

所以，業務員需具備「確認」的能力。例如，當業務員觀察到客戶在某處擺放了一個特別的擺飾，要懂得將這個觀察轉化為確認的行為，然後引導客戶進一步展開對話，再從客戶的對話中用心傾聽，多面向的確認他們所說的內容。這涉及到業務員提問的技術，以及業務員心中的地圖是否足夠清晰的專業。

很多業務員在提問時，往往只問到表面的答案，而沒有深入探究。輔導案例時，我會問——

「這個答案是你要的嗎？」

「不是。」業務員回答。

「那你為什麼問到這裡就不問了？」

「因為沒想到要問什麼。」

「如果這不是你要的答案，那你要的答案是什麼？你再想想看。」

「我就想要知道為什麼他們家都擺很多植物啊？」

我繼續問：「你覺得跟這個客戶有什麼關係？」

「也許是他擔心什麼……」業務員說。

提問一定要問到目標。假如目標沒有出現，就請繼續提問。這樣的對話能幫助業務員自我反思並開始動腦思考所做的行為為何而做。如果答案尚未出現，我會鼓勵他們繼續提問，直到目標清晰為止。

當業務員的心中擁有一個明確的「地圖」時，會意識到「我不應該隨意尬聊」。

如果對話已經偏離此行的目的，從行天宮聊到外太空，你需要引導對話回到你的地圖裡，進行一個有系統的對話。當你成功引導對話，你才能進行確認，客戶是否為所擔心的事做了充分的準備（HAVE），如果準備不足，還需要多少來補足（NEED）。

解決問題，拒絕與問題共處

人們習慣與問題共處，總覺得壞事不會降臨到自己身上。因此都只先做想做的事，而不會去做「一定要」做的事。

Chap4

在這種情況下，顧問的角色變得非常重要。如果顧問能夠引導客戶正視那些尚未發生但可能會發生的問題，並提供解決方案，這樣的技能是非常值得肯定的。這是因為顧問才能夠讓客戶在事情尚未發生時就做好準備，避免潛在的問題。

然而，部分業務員擔心因為賺了客戶的佣金，而感到內心不安，好像自己是有目的的。實際上我們必須意識到，業務員的角色是在幫助客戶預防可能的風險，而不是等到問題發生時再處理。不同於醫師和律師的角色，他們的專業知識能夠在問題出現時得到解決方案；但我們的角色更是期望預防重於治療，而且如果發生也能已經做好準備，因此專業的服務本來就值得高報酬。

現階段市面上也推出「預防性的保單」，這類保單強調了預防的概念。許多保單在客戶進行精準檢測後，保費可能會降低。這實際上是在降低風險和成本，強調了保險的價值不僅在於應對風險，更在於預防風險。這也凸顯了保險顧問的角色，引導客戶對健康做出更明智的選擇，落實了預防勝於治療的概念，既有助於自身的保障，也為整個社會的穩定做出貢獻。

顧問的角色就是在預防可能發生的問題所帶來的後果。因此，做為業務員，首要的能力之一是能夠察覺微小的線索，並保

持好奇心。如果一位業務員缺乏好奇心，他很可能無法成為優秀的業務員。因為好奇心能夠驅使他不斷地尋找信息，探索客戶的需求，並提供更好的解決方案。

我後來意識到，一些業務員之所以表現不佳，是因為他們對於客戶所提供的各種解釋都表示同意，而缺乏進一步的質疑。例如，如果一個人只工作了兩三天，卻買得起一套豪宅，這樣的情況是否合理呢？這正是好奇心的作用，能夠引導我們提出這些關鍵的問題進而釐清答案，並幫助我們更深入地理解客戶的處境。

你有沒有注意到對方平時只靠打工，卻住信義區，跟你吃飯請客也不手軟，你有想過問他錢的來源嗎？然而，年輕人通常覺得這種情況很合理，因為他們缺乏好奇心。當你認同所有客戶一切的行為，你就不會是一名優秀的業務員。

當我對某事不太認同時，我會採取**主動確認**的步驟。因為我已經注意到一些微妙的線索，所以我會開始進行確認的過程，我把這種過程稱為「問診」。試想，如果你連微妙的線索都沒有察覺，你又怎麼能進行有效的確認（問診）呢？因此，第一步就是培養好奇心（觀察力），對於那些微小的線索保持好奇，不要輕易將觀察到的現象與預設的立場混為一談。接下來的步驟是進行

Chap4

確認（提問力），而這正是問診的核心（觀察力＋提問力）。

也有很多人太主觀並預設立場，他預設「那一定是他爸很有錢」，所以自然不去確認（不會提問），也不會有任何懷疑。

我們需要特別注意的是，不要主觀預設客戶的答案，代表我們會進行「和客戶確認答案的正確與否」的過程，而結果會有兩個非常重要的呈現：一、客戶會親口說出「正確答案」；二、客戶在陳述答案的過程，將會有再次思考這個答案對自己的意義。而這樣的過程，則代表一個顧問在客戶心中的「價值」。

用提問來進行輔導
並貫穿整個銷售流程

　　我們的團隊注重輔導，因此每天早上我們主管會輪流擔任教練的角色。當天，會由一位agent提出了一個預備要拜訪的名單，同時他也需提供對方的背景資料。小組會從這份背景資料中協助同仁找出需要和客戶確認的目標有哪些，並策劃如何與對方約見。如果agent無法提供充分的內容，比如他只是提到他的哥哥介紹了這位同事，我們會透過詢問，了解他哥哥和這位同事的關係，以便能夠從中找到一些線索，幫助我們運用約訪策略進一步約見對方。

　　輔導的工作，也是在協助業務員「把名單便客戶」的過程。這樣的名單檢視，是我們每天都在做的，業務員每天都要拜訪客戶，因此這個檢視過程相當重要。

我們的輔導方向主要有兩個：成交案例和未成交案例。在成交案例部分，我們會分析某案例成交的關鍵要素，探究成功案例所採取的行動中，哪些做法是可以複製的。

每天早會前我們的 TCT 小組分二組來處理未成交案例，由業務員提供的案例名單中，我們會指導他們如何從這些名單中建立起朋友分和顧問分，且按照銷售流程從名單邀約到首次面談的準備，當面回來的分析診斷到出建議書給客戶……到成交或繼續經營的流程。這對新人來說是非常重要的，透過這個過程，他們能夠學會怎麼經營一個名單，並且強化正確的出發及專業的步驟，以培養正確的行銷習慣。

因此，在這個過程中，我們並不只是在進行訓練，而是透過提問的方式，進行輔導。由單純的名單練習從背景找到接觸的機會，才會讓 agent 去見客戶。

在訓練過程中，我們著重於教導業務員如何在面談中談及理財金字塔的三個層次。根據客戶的背景，第一次面談時如何和客戶聚焦討論風險保障（第一層）、投資理財（第二層）或資產傳承（第三層）等層次。這些是業務員基本訓練的一部分。

隨後，進入了 want-have=need 的流程，這是制定建議書的步驟，並精準進入銷售流程的追蹤。因此，在第一次面談時，我們的目標首先是判斷客戶所關心的是哪一個層次，並了解他們在這方面已經做了哪些準備。而在這個過程中，我們關注的是他們的需求和實際情況之間的差異。這個差異也是我們提供建議書的關鍵。

然而，我們許多業務員常常什麼都沒問，只要求客戶提供預算，然後就提供一份醫療或儲蓄險的建議書。這樣的保單往往缺乏實質價值，既不能解決客戶的真正擔憂，也無法真正滿足客戶的需要，更無法為客戶提供適切的保障。這就回到了情緒勒索的情況，因為業務員沒有提問（問診）的技術，所以無法提出真正有價值的保險方案。

案例分析：

與客戶首次面談後，回來追蹤面訪進度的案例，其實從以下對話也看得出來，是心態出問題，還是技術有問題？

教練問：「請問你這次跟客戶見面多少時間？」
agent 說：「應該十五到二十分吧。」

Chap4

教練：「你是去服務還是去面訪？」

agent：「因為我想第一次見面還是先不要太快切入主題啊！」

教練：「你上次已經拿出來討論，這一次就應該要進行首次面訪了。如果這一次還是只是約來幫他續約做服務，之前討論的全部都沒有用啊！」

agent：「教練我就是覺得太快了！」

教練：「你拿這個案子希望做到什麼？只是和客戶純聊天嗎？」

這就是典型心態問題。

所以，輔導有別於訓練，是用案例（不論成交與否）讓 agent 透過**銷售流程**做「銷售前、中、後」的準備，並**追蹤進度，以確保 agent 有好的習慣做銷售**。

首次面談的結果一定要達到問診的目標。過程中可能會遇到拒絕的問題，如果你也都能以專業來回應，就能直接成交。是否能夠一次性達成交易的關鍵，取決於我在前端是否已經準備好所有細節，或需要在後端進一步引導和解決。很多細節的闡述可能是在後端的互動中引起的，但這些細節的應對則屬於輔導追蹤的

技術層面。

如果銷售過程中沒有問診，直接提供建議書，是否正確？只是隨便談談就能提供建議書，客戶拒絕的機率自然會很高，然而 agent 基於想快速成交，常常忽略問診的過程，直接丟了建議書給客戶，而主管若無**進行輔導系統**，就會錯失這個階段矯正 agent 的技術了。

我們持續運用朋友分和顧問分來協助業務員精進。但當進入到顧問分階段時，也許會碰到這樣的情況：客戶明明應該選擇某個方案，但最後卻因為財務狀況而決定不買。這時，我們需要思考如何提供替代方案，解決客戶的問題，而不是放棄。畢竟，業務員的責任就是 CLOSE 成交，才能解決客戶的問題，如果無法達成交易，一切都是徒勞。就像醫師沒有處方藥給病人一樣，病人生病卻不開藥，那不是眼看著病人病情惡化而袖手旁觀一樣嗎？所以此時專業就是最大的考驗。

提問好比打球或玩球

與客戶的對話，好比在打球。想要獲得好的結果，你必須在前期做充分的準備。若你的準備不足，每次面訪客戶只是等待著

客戶投球給你，那麼你只能不斷地彎腰撿球，應接不暇。若此時客戶突然丟了個棘手的問題給你，你可能會因為準備不足倉促將這問題亂丟，球賽就終止了。假設這個「炸彈」被丟回客戶那裡，不小心把客戶炸死了，不僅丟失下次訪談的機會，彼此關係可能也會受損。

　　一名專業的業務員，需要主動把握發球的機會，而不是一味被動地接受客戶的發問。一旦你做好充足的準備，透過一番閒聊，就能自然而然地轉入主題，從客戶的目標、背景、家庭等多個角度切入。試探性地從競爭者或決策者的角度出發也可以。總之，你必須時刻準備好發球，並做好控球的角色，確保每一次的發球都能有意義。這正是從名單轉為客戶的關鍵過程，也是輔導的用意。

　　輔導是確保業務員持續發展的關鍵，因為業務員的離開，往往不是因為技術不足，而是缺乏自信心，心理還未完全準備好。在面對數次面訪失敗後，又沒有接受找出正確或錯誤因素的教導，自信心就會受到打擊。我認為從名單轉化為客戶，是業務員成功的關鍵過程，因此絕不應該在他尚未準備好的情況下就讓他出去面對挑戰。

此外，不要誤以為僅通過訓練就能夠讓業務員準備好應對各種情況。你需要讓他實際坐下來演練，這才是輔導。因為客戶的問題通常不會按照你預期的方向發展，有時你可能還沒來得及開口，客戶已經開始不停地提問，彷彿他比你還懂保險一樣。這也顯示了業務員的準備尚不足夠。

若業務員做好準備，他訪談的過程應該是可以順利掌控的。面談時，他應該率先主動提出問題，而不是等待客戶丟球。所以，名單轉為客戶的關鍵在於輔導，不是訓練。訓練無法教導這些技巧。當業務員提出名單時，你就要開始進行輔導，然後再追蹤分析案例及提出解決的方法。

輔導的核心觀念就是落實銷售前、中、後的技術。當團隊具備正確的地圖和方法時，一但有新人進來，就能立即進行輔導，這些有系統的架構，也能讓新進業務員能夠充分理解，並且感受到實際的幫助。

反 Q 的技術 —— 即確認的技術

關於提問，還有一項技術就是辨識矛盾和反 Q 的能力。反 Q 的能力源於我們能夠察覺對方言語或行為中的矛盾之處。因此，

我經常問我們的業務員,是否有注意到對方談話中有矛盾的地方,明明內心渴望某件事,但所做的卻是完全相反的決定。這就是矛盾之處。

然而,許多業務員卻未必具備這種敏感的聆聽能力,他們可能只是一味的表達自己的想法,而忽略了對方的話中存在的矛盾或不一致之處。當你沒有覺察矛盾的情況下,要如何進行反Q呢?

要做到這一點,關鍵是在對話中細心聆聽並提問。當對方提出一些想法或決定時,你可以以開放性的提問方式,詢問更多細節,以確保你充分理解他們的目的。同時,你可以運用反Q的技巧,提出一些激發思考的問題,幫助對方自我察覺存在的矛盾之處。這種技術有助於在對話過程中引發對方的反思,進而提升我們在銷售及輔導中的影響力,還能幫助我們更深入地理解客戶的需求和動機,進而提供更有價值的服務。

5
chapter

建立團隊，輔導系統
從一個人到一群人

輔導，不應該是一對一

許多公司透過校園徵才來增員，今天可能找來三十個人，但在三、四個月後，只剩下一個人。這引發了我們需要探討的一個議題，即「一群人」和「團隊」的概念。

團隊的建立絕對不是一次性的，而是需要逐步培養，從一個個體訓練逐步轉化成一支有共識的團隊。團隊的形成需要時間和共識，不能只是簡單地把五十個人湊在一起就能形成團隊。建立一個真正的團隊是一個逐步演化的過程，需要大家共同投入和合作。

在一對一的輔導中，主管常常會遇到讓人頭痛的情況。例如，同仁可能會講述一些雜亂無章的事情，使輔導過程變得沒有重點，讓人疲累；一對一的對話，有時也會讓對方產生對立的感

覺。因此，團體輔導是一個更好的選擇，在更多人的參與下進行，有助於更客觀地交流和解決問題。當然，團隊輔導必須建立在共同的語言及 Maps 上，才能系統化。

一對一的輔導 vs. 團隊輔導

在輔導工作中，最容易碰到的困難之一便是人們持有預設的立場。尤其在一對一的輔導場景中，這種情況時常導致僵局的產生。當彼此的立場固執，往往會陷入對立與爭執；或者最終走向沉默，不再交流。

在討論案例時，常常需要借助他人的思維。為什麼這麼說呢？因為當我們深陷其中時，往往會被自己的主觀意識所影響，難以客觀地看待情況。而旁觀者則能保持冷靜，也更容易看到其中的矛盾之處。

利用他人的思維有助於帶來新的視角和洞察，這對於解決問題和尋找策略非常有益。這也正是為什麼輔導工作需要集思廣益的原因。當我們能夠邀請不同的人分享他們的看法，我們就能夠得到更全面的觀點，更容易釐清問題的本質。

舉例來說，有時候當業務員提供一個名單，但卻未能成功轉化為客戶時，你問他原因，他可能會說：「他一定不會理我。」這就是預設立場。

　　我再問他：「對方以前有不理過你嗎？」其實並沒有問過。

　　「為什麼不問？」他回說：「那天的時機不對。」
　　「那你覺得什麼時候要跟他談？」他回：「下一次吧！」
　　「你跟他曾經有談過，他拒絕你嗎？」我問。
　　「我有說過小孩的醫療險要買，但他拒絕我了。」他說。
　　「你之前是提問嗎？還是你教他要買。」我問。
　　他想想說，「我叫他要買醫療啊，然後他拒絕我了。」
　　「你有沒有發現你是『教』他買，」我繼續說：「那你有跟他談保險嗎？」
　　「我是去跟他續約，覺得那一天應該不是一個好時機……」agent 自己的主觀意識一直主導。

　　當雙方交戰幾次之後，從此就開始講假話，因為不管業務員講什麼，主管都說不對、不行；agent 也覺得主管不了解他。

　　TCT 小組在輔導過程中有一個優勢，即能夠有效地避免對立的問題。這是因為 TCT 小組的成員們會從不同的角度提出問

題，這有助於消除僵局。在 TCT 小組的環境中，各成員使用不同的觀點進行提問，相比只有主管一人提問，這樣更有助於從多個角度思考。這樣的輔導方式有助於業務員學習不同的思維方式，並逐漸克服可能的固執立場。在 TCT 小組中，成員常常能夠幫助業務員避免陷入預設的思維模式。

與此相比，一對一的輔導可能更適合在心態層面上的幫助，特別是當業務員有一些私密的情況需要討論時，一對一的輔導更洽當。然而，在技術層面的輔導上，TCT 小組確實能夠更有效地幫助業務員。通過 TCT 小組的集體智慧和不同的觀點，業務員更有可能克服障礙，採取更開放的態度，並獲得更豐富的解決方案。

輔導的實際操作

TCT 小組成員通常有三～四個主管，七個學員。有時候是看場地大小來安排，通常三個主管包含一個主教練，同時有七、八個學員旁聽，但只輔導其中一個案例。

在輔導過程中，我們需要明確一個重要的概念，那就是我們的角色是教練，而不是老師。在輔導中，教練的角色更為關鍵，

我們的目標是引導對方思考，而不是僅僅教導他們如何講話術。與其說我們教他們話術，更準確地說，我們要引導他們思考「為什麼他們應該去思考該如何做」。如果只是「教」對方做，通常對方也只是聽到而已，最終還是做回他們原來的行為。

如果我們能夠有效地將教練的方法複製，TCT 小組的成員就會逐漸增多。在辦公室裡，我們可以隨時進行案例討論，並不需要固定的時間安排，只要同一組時間合適就能進行，這樣整個架構就出來了。

有了架構後，我們可以繼續培訓更多的教練，進一步擴展單位內的 TCT 小組數量。系統性的方法不僅可以幫助輔導者更容易抓住重點，也有助於減少輔導的時間，同時產生更好的效果。這樣一來，團隊的成長速度就會迅速提升，不再侷限講台上的訓練。因為，**訓練最終的目的不就是為了不要訓練，讓每個人都能夠自主運作，進而達到低度管理的目標。**

團隊輔導的好處

團隊輔導帶來了一系列優點，也是保險公司未來的發展趨勢。首先，它減少了團隊內的閒話跟八卦。有了 TCT 小組的存在，團隊成員坐下來的話題很自然轉向「討論案例」，而不是無關緊要的聊天。這種轉變改變了整個團隊的氛圍。其次，對於那些希望晉升並成為未來輔導人的主管，他們需要先加入這個團隊，從這裡開始學習。在這個過程中，他們學會事前準備及啟動思考，接受他人的建議，並將這些學習運用到未來的輔導中。這種漸進的學習過程讓他們逐步成為能夠提供有價值建議的輔導者。

這種驗證過程相當迅速。你會透過業務員的回饋分享，觀察到他們的成長。我們得到了很多正面的回饋，新人在加入我們一段時間後，上台分享的表現不再只是表面的語言，而是展現出更深入的內容，這種成長當然也會逐漸體現在他們的業績上。

我們有一位主管在早會上分享了她壽險生涯的「團隊起落」。她的團隊業績曾經非常低迷，以至於她每天都不想上班，感覺來公司只是在應付，因為她不知道該做什麼，所以每天都是硬著頭皮來上班。她自己的業績毫無起色，以至於團隊成員的業

續也「2266」零零落落。她遠遠看到老闆就想躲，無論別人對她說什麼，她都不想聽。

　　然後她開始思考，如果不打算離職，那該如何繼續生存下去呢？於是她決定坦然面對，向我提出「求救」：她應該做些什麼。她告訴我想要加入我當時的小型團隊輔導，我非常感動她想改變的決心。結果，她不僅自己參與，整個團隊都投入其中。一段時間後，她的產值已經達到每月三萬，成為我們單位中業績表現出色的團隊之一。

　　除了參與團隊輔導外，另一個改變的重要元素是讀書會。這位主管表示，她學我也安排了讀書會，每週帶著團隊讀書，讓她增加更多的資糧在腦中。透過這兩個方法，不僅整個團隊的素質得以提升，尤其閱讀讓團隊更有文化及共識。

　　我們團隊也是每週舉行一次讀書會分享，截至目前為止已經閱讀了大約快二十本書。從《自由與自律》開始，然後是《原子習慣》，再到《找到你的為什麼》。透過讀書會的好處是，每個人都讀完一章後，可以分享自己的感受和對該章節的心得，有時針對某個章節，同學們會充分討論並提出不同的見解及看法，直到找到共識。這些分享讓我們的知識成為共享資源，因為一旦了

解，我們就能開始付諸實踐，進而改變，這也造就了團隊文化和共識的建立。

如何開始架構輔導系統？

想要從零開始架構一個輔導系統，我認為可以從新人開始。因為新人需要接受輔導，而主管和新人之間的面對面輔導可能會存在一些盲點。在這樣的情況下，引入一個小組來提供指導是很有意義的，這種方法受到大家的喜愛，我建議可以這樣開始。

我的初心也是如此。時間一久，這種方式就變得更加自然且熟練，其他人看到後覺得方式不錯也就跟隨著做，他們體會到這樣做的好處，因此越來越多的教練加入其中。最初，他們只是希望能夠幫助他人，但隨著他們自己團隊的成員加入，他們也要開始進行輔導，進而增加了主管自己需求銷售的實力，反而提升主管的行銷技術。這樣的模式吸引了更多的人，希望學習如何成為優秀的教練，有技術去輔導別人，進而推動這個系統的持續發展。

因此，對於那些想要學習我們輔導運作的人，我會採取的步驟是先把「地圖」植入。首先進行第一次訓練，向他們解釋整個

架構的運作方式，就像這本書所傳達的內容一樣。接著，我們會進行實際輔導案例的觀摩與體驗。事實上，所有的知識都需要先經過植入，訓練完成後，接著練習這個訓練的實際效果，也就是實際操作。

你必須先建立一個清晰的思路架構，並且要對保險的價值有深刻的認同，這就是你的「地圖」，必須要確立起來。你需要擁有堅定的保險信念，還要具備良好的提問能力，這涉及到許多技巧和技術的練習。

這是一種行動學習，因此在我教導內容之後，就必須立即進入實際操作。組成 TCT 小組，小組的成員會帶著你實際進行提問的練習，接著，你將透過實際行動來學習和累積經驗。

其中最重要的是，我們必須激發業務員願意思考的能力。在這個行業中，如果不具備思考能力，很難取得成功且卓越。因此，我們的首要目標是啟動業務員的思考能力，將所有的「教導」轉變為「提問」的方式。

此外，我認為溝通也是極其重要的一環。在我的價值觀中，溝通意味著你會運用對方聽得懂的語言，並轉化成實現自己目標

的能力。

　　同時，你必須清楚地了解自己的目標。這是為了確保在溝通過程中，你所使用的語言和方法能夠讓對方理解，同時又能達到自己的目標。這種能力是建立在有效的溝通基礎之上，使你能夠以客戶能夠理解和接受的方式，傳達你所要傳遞的訊息，最終實現你的目標。

　　當我與客戶進行溝通時，我會使用他們聽得懂的語言，引導他們走向我的目標。我的地圖是清晰的，我知道自己要前往何處。這種溝通的無障礙性確保了我們之間的理解。在這過程中，我陪伴客戶購買必要的東西，獲得必需的保障，實現雙贏甚至是三贏的局面。

　　因此，對於團隊輔導也是一樣的概念，不是一個人成功的銷售，而是協助一群人在銷售過程中創造更高的價值定位及成就三贏的局面。

掌握全人生活的三個關鍵：
選擇、代價以及環境

　　若要圓滿人生中夢想的事物跟生活，首先，得要設立明確的目標。有了目標，才會有具體的行動。

　　有句話說：行為養成習慣，習慣形成性格，性格決定命運。我要強調習慣的力量是多麼驚人。一個習慣，無論是好是壞，都有可能塑造你的一生。習慣並非與生俱來，所以請不要以星座、血型等為藉口，來抗拒某些問題「我不可能啦！」「這不像我會做的事」。習慣能夠改變你的本性，無論你天生害羞，無論你的血型是什麼，只要培養好的習慣，你的本性就會逐漸改變，我們不談命運，因為那太不可控，我們僅談如何「運命」。這就是為什麼習慣至關重要。

　　然而，培養良好的習慣並不是容易的事情。首先，你需要具

備正向的力量,這是養成好習慣的基石。這種正能量將引導你走向良好的習慣。而要養成好習慣,凡事都必須做好「付出代價」的準備。要知道每一個行為都是一種選擇,每一個選擇都有代價,你必須願意為自己的選擇付出代價,才能真正擁有正向的能量,進而培養出好的習慣。

當然,你也可以從相反的方向來考慮,但我認為大多數人天生就擅於與問題共處,因此不容易培養好習慣。這就是為什麼我主張從代價出發。如果你希望大多數的結果是正向的,你就會自然地去培養這些良好習慣。

凡事皆有代價,然後根據代價來做出選擇。因此當你選擇一個代價時,你就必須根據這個代價做出習慣上的調整。除了習慣的調整外,你還需要進行思維上的調整。這就是為什麼你需要具備正向的力量,因為正向的力量能夠引導你培養正向的好習慣,讓你的人生變得更好。

俗話說,好命需要運來磨,選擇、良好習慣和正向思維這三個關鍵要素,可以被看作是一個「轉命」的流程,適用於各行各業,只要你真心希望夢想實現,技術並不是問題。因此,我們要學會培養正向思維、做好選擇、建立良好的習慣,之後,讓好習

慣成為性格，改變我們的命運。**這就是「人生總分給付制」的價值觀。**

隨著年齡增長，或許因為覺醒，思緒也變得更清晰。我意識到我的正能量不應該僅限於影響周圍的人。在我每天的思維中，我總是希望能將我的正能量傳遞給我帶領的「均富」團隊成員以及公司的所有成員，如今，我同時也希望能影響更多壽險業從業人員，甚至不同領域的業務人員。

人生並非由命運主宰，我相信命和運之間存在著密切的關聯。這也是為什麼我認為，我們思考許多事情都應該承擔相對代價的責任。我深信運勢能夠改變命運。十三年前，我出版的《贏在真誠》反映了我的價值觀和態度。它像是一種信仰，但我也已經驗證，當你真心希望實現某件事時，正向的信念「利他」常常是關鍵所在。因此，如果擁有這樣的信念，將決定我們的每一個行動，並從中受益，不論在哪個領域。

選擇、良好習慣和正向思維的流程，能夠啟動我們的力量，改變我們的生活，並影響更廣泛的社會。因此，我希望大家明白，人生沒有不可能的事情。只要你對某事充滿熱情，你總能夠不斷地發展出相關的技巧。在我所處的行業中，我透過自身的練

習見證了我的價值觀是正確的。這些年來，我的成長並非來自特殊的天分，而是因為我專注於做好自己的角色。因此，我的技術不斷提升，達到另一個層次。我希望這能對更多人有啟發作用，因為我要告訴他們，**事情只有「要不要」，沒有「能不能」**。

　　雖然我主要聚焦在壽險業的影響力，但這對各行各業都是通用的。我個人的例子證明，只要相信自己所說的，並且在自己的領域堅持不懈地追求理想，技術就會隨之而來。我所做的，僅僅是給予他人一種啟發，並希望他們能夠在自己的專業領域中持續追求自己真正想要的目標。無論在哪個領域，技術都會隨著時間不斷進步，而你只需要持續不斷地投入努力與堅持的熱情。

選擇正向的環境最為重要

而在所有選擇的因素中，我認為環境對於個人的影響最大。選擇正向的環境能夠發揮重要作用，使我們有能力避開充滿負面能量的地方。很多人會選擇舒適的環境，卻未看到背後的風險。就像在吃包裹糖衣的藥一樣，你總是先嘗到甜蜜的外層，然後才會嘗到藥丸的苦味。

三十年來，我因為自己在這個行業裡的磨練，創造了一個「史淑華環境——光明姊姊」的團隊，讓每個人能夠在其中發揮自己所長。這本書，並不事要呼籲大家來加入「史淑華團隊」，而是希望大家能從中學到技術，培養並轉換為適合自己環境的技術，然後用這些技術去影響更多的人，吸引更多人願意投入你創建的「光明正向的——○○○團隊」。

然而，我也要提醒大家，不要光有這份想法，卻缺乏實際的行動力。如果你的工作習慣和態度不佳，又缺乏技術支持，那麼你無法期待別人去幫助你、融入你。假如你在自己的事情上都一團糟，你有什麼理由去幫助別人？

我希望我的技術能夠協助你成為別人的伯樂，一個事業上的

引導者，而不僅僅是找人來墊高自己的職位。有些人或許會誤解這樣的思維與行為跟公司制度和文化有關。因為制度使然，確實鼓勵了個人的利己主義而忽略了利他的價值，所以在增員過程中，人們可能會傾向於只關注個人利益，而忽略了更大的團隊和行業的長遠發展。

有太多人增員是為了「公司要求」，因為我會面臨考核或晉升。擁有這種利己思維的人來說，一旦他們成功增員之後，僅會將他們視為「人頭」，因為無法確保他們在這個行業內能夠獲得長期成功，所以不積極進行培育，只要他能「留著」就好。

如果一開始就沒有意圖，或沒有能力及技術去培育新成員，很快就會產生彼此之間的隔閡，最終導致新成員對行業產生不滿，而離開這個行業。因為他們感受到自己未受到支持和指導，感覺受騙上當才進來。保險業評價低落的其中一個原因，正是如此。

若能著重於「利他」，特別是在輔導業務員的過程中，出發點在於如何協助他們成功定著並長期發展，而不僅僅是關注自己的抬頭及收入，這種動機才是激勵長期成功的關鍵因素。

我相信，每個人都可以從「不會」到「會」。動機會讓我們找到抵達成功的方法。因此，我希望能夠將銷售變成一門技術，而非只是藝術。這種思維也同樣適用於各行各業。在教授銷售技巧時，我們不應該只是如同傳授藝術一般，教一遍後就把人放任不管。因為他們缺乏養成技術的習慣，也沒有建立系統或訓練的框架。就像麥當勞做漢堡一樣，無論全世界哪一個分店都能夠製作出一致的口味與品質。這意味著他們擁有可複製的系統。

　　然而，如果只是不斷的講解技巧，說「跟著這麼做就好了」，那就只是簡單的銷售訓練罷了。

　　一般的公司，在聘僱新人進來之後，通常只會得到訓練。然而，培養能夠獨當一面的技能需要的是輔導，而不僅僅是單次教導，示範一次，然後期望他們能自行學會，這是不夠的。相對的，輔導是必須在做完訓練之後，持續提供支持，牽著他們的手，引導他們的步伐，糾正每一個細微的步驟，一段時間後才能放手。

　　然而，大多數團隊之所以無法成功培養人才，是因為只關注培訓，忽略了輔導。

　　每個人都想要快速成功，一旦培訓結束，就讓他們自己摸索，跌跌撞撞，最後離開，這是最常見的情況。但我們的目標是

讓每個人都能在這個領域生存，即使他們最終離開，也不會對這個行業心生不滿。因此，我強調輔導系統對於發展團隊的重要性，訓練之後的輔導過程才是關鍵所在。

我所強調的技術是指訓練之後的持續輔導。也就是書名「一枝獨秀更要團隊優秀」的終極目標。因此，當你擁有頂尖的個人技術，你還需要擁有輔導的技術跟能力，來引導新人，使整個團隊更加優秀。如果缺少這個環節，即使你招募了人進來，那只是「一群人」而已，沒有適切的輔導，不能稱為真正的「團隊」。

建立成功團隊的關鍵

一個有共識的團隊，單位的氛圍也不一樣。

我曾到過許多單位演講，有些單位在一走進了門後，沒人理會我；接著會發現，同事之間彼此也不互相打招呼，彷彿是一群單打獨鬥的個體。

如何才能使一群人看起來像一個團體，而不僅僅是一群個人的加總？這正是一枝獨秀與卓越團隊之間的區別，而其中的關鍵就是我所說的三環管理中的每個系統，以及多年來支撐我的核心

價值觀，也就是人生總分給付制。這些正區分了成功與不成功的界線。

　　我相信，命運可以自己掌握，我們能自己創造機運，因此，我不會被悲觀情緒所主導，因為只要相信，必定能克服困難。然而，許多主管並不願意投入輔導的工作，而這也導致你永遠無法建立成功團隊的原因，因為你僅僅為了達成考核、晉升等目標，找來一群人，卻不會真正輔導他們。你只有利己，卻沒有想到利他，你只會想到自己，而忽略了別人的需求。這就是問題的根源，因此，要建立一個真正的團隊，關鍵在於我所說的「三環管理」輔導技術付出的代價。

理解「為何」便知道「如何」

在做出任何行動之前，我始終強調「為什麼」的重要性。

理解「為什麼」，才能為目標全力以赴，不因雜念而分心，這種理解有助於建立強大的內在動機，使我們能夠克服干擾，專注於目標的實現。尤其當我們明確理解我們所追求的目標背後的價值時，我們更能夠集中注意力，而不會被外界的干擾分心。

理解「為什麼」也可以激發創造力，因為它激發我們思考更多解決問題和達成目標的方式。我們會不斷探索不同的途徑和策略，以確保我們的投入和努力不會受到限制。

而對我來說，人生的總分給付制，就是我的信念及價值觀。如果我未能充分履行人生各個角色應盡的義務，我會被扣分。因

此，當我投身於業務行銷時，我清楚自己有哪些工作目標：而當我擔任主管和教練的角色時，我也能夠明確知道該履行的職責及承擔的責任。這個信念幫助我解決了所有技術性的難題，因為我知道自己不應該在任何一個角色上有所欠缺，確保對該角色要如何履行職責。理解了「為何」，我就能明白「如何」，並且不斷拓展自己的能力。

因此，當團隊招募一位業務員進來時，你自然不希望他沒有任何收入。於是，你應該思考如何能夠幫助他賺取收入（他的生活費及夢想），同時你是否具備足夠的知識和技能，來指導和支持他。接著，你需要考慮如何指導主管，讓他能夠有效地訓練及輔導這位業務員。同樣地，你自己也必須擁有相關的技能，以便能夠成為一個有效的指導者。我的信念非常清晰，因此我會全心全意地履行這些職責。

這些是我在從事保險事三十年的心路歷程。儘管別人可能看到我處理著好多事務，但對我而言，這只是在履行我的基本職責。因此，很多人問我，你難道不累嗎？我的回答當然是否定的。當我思考和解決一些問題時，我能從中找到滿足，這些努力的成果是實實在在的。事實上，我最繁忙、最費力的時刻，就是在思考如何更有效處理事務，如何帶領團隊成長，進而吸引更多

Chap5

人加入這個團隊。

這也是開始做輔導的初衷。

回想當初啟動輔導系統，只針對一、兩位新人，而且是在一早單位都還沒有人來的時間。接著陸續有同仁進來辦公室了，於是大家都在辦公室外面觀察我們，疑惑為什麼每天早上 Tina 姐都帶著一兩位新人在開會。我解釋說，那是因為她的案例需要討論，後來開始有一、兩位主管也希望加入討論。就這樣我們可以一早就處理三、四十個人的案例問題，即便在疫情時期，我們也能在線上討論。

特別注意的是，在進行輔導工作時，我們要不斷地保持動機的穩固性。我們必須時時刻刻明白自己為什麼要這麼做，因為如果沒有堅定的動機，很容易受外在情況影響，例如：下大雨、學員請假、小孩感冒……等原因就中斷了團隊輔導。

尤其我帶主管做教練的訓練時，發現最容易有挫折的就是主管，主管很容易因為學員愛來不來，自己也跟著鬆懈。我在這個角色中，必須引導他們正確的心態，幫助他們了解從事這項工作的意義和價值。這不僅僅對業務員有益處，同時也會提升教練自

己的技術。因此，我偶爾會邀請他們一起用餐，做為慰勞並與他們交流討論技術，因為輔導技術需要突破非常多的障礙。

所以很多單位一直要求我去演講分享如何操作輔導系統是絕對不夠的，演講只是表面，實際上，真正的成長是透過實務操作及後續的實際案例的輔導，才會掌握正確的技術。很多人都想迅速取得成果，就像叫我去演講是最快的方法，但如果只是聽完演講，卻沒有實際去實行，又怎麼能真正理解內容的精髓呢？就好比購買了一堆減肥書，卻沒有實際去減肥一樣。

輔導是一個教學相長的過程

很多人問我，身為一支超過百人團隊的主管，怎麼有足夠的時間進行逐一的輔導？怎樣才能有效地進行輔導？

我的方法是，我會在早會之前大約八點到九點之間，進行每天一小時的輔導工作。儘管每天僅輔導一個個案，但同時會有十來個其他業務員可以學習觀摩，因為業務員碰到的問題都很相似，所以即使只是觀摩也能從中受益。

此外，為了可以更有效地把時間分配給業務員，我們將輔導

Chap5

小組分為兩班，每人輪流擔任主教練的角色。這些主管在進行教練工作之前，都會跟著我學習一段時間，讓他們能夠更敏銳地掌握業務員的問題所在，並按照我的節奏，複製檢核的提問和解決方案。我可以明顯感受到，業務員非常珍惜這個輔導的過程。

在輔導的過程裡，除了可以了解業務員的困難，同時可以釐清究竟是心態還是技術的問題。解除他心裡的疑惑之外，我還可以透過提問，傳授許多行銷的技術層面。如果缺了這個環節，讓業務員無法定著，我們不僅會失去一些新血，也會導致接班與人力的斷層。事實上，從觀察業務員的狀態，傾聽他們的疑問，然後透過他們的問題來進行提問。就是運用對方的矛來攻擊他的盾，促使他們能夠更多的自我反思，我自己也從中學習到了許多提問的技巧。

因此，這種輔導方式不僅有助於個別業務員的成長，也能夠為組織培養出更具潛力的人才，確保接班與人力的延續，提高單位產值與素質。我始終覺得責無旁貸，也是我保險事業下一個十年要實現的目標。

做好時間管理，才能複製成功

　　輔導的過程，從名單轉變成客戶，在從客戶擴展到如何成交。當我們成功地達成一筆交易時，我們就需要深入分析，找出其中的關鍵要素，並探索如何將這種成功的經驗從單一案例複製至兩個、四個、十個甚至更多。從成功的案例中找到成功的方法和策略。

　　然而，對於還未達成交易的情況，我們也有相對的應對策略。我們會著重於兩個主要方面，一個是時間管理，另一個是將名單轉化為實際的客戶。

　　時間是全世界最公平的事物，每個人每天都有二十四小時。然而，時間是無形的，所以它無法被管理，只能被分配。我們需要學會如何有效地分配時間，這牽涉到確定有生命的目標和目標

的優先順序。透過明確的目標設定和時間分配，我們可以更有條理地分配時間，避免焦慮和急迫感，並提升效率。

管理大師史蒂芬・柯維在《與時間有約》中深入探討了時間管理的本質，指出它不僅僅是將待辦事項劃掉的過程，更牽涉到個人的人生使命以及事件的重要性和急迫性。

因此，在談到時間管理的目標時，我們必須區分，什麼是有生命力的目標，什麼是缺乏生命力的目標。所有由外部給予的目標往往是缺乏生命力的，而真正有生命力的目標則是那些你內心渴望實現的。因此，我們需要找出自己內心真正渴望的目標，並明確動機。

在台灣的年輕人中，有一個普遍的問題是缺乏思考能力。可能也源於台灣的教育方式注重標準答案，長期以來較缺乏自主思考的機會。在這種情況下，自律也變得困難，因為他們缺乏內在的動力和清晰的目標。因此，培養思考能力、幫助年輕人明確自己真正想要的目標並找到內在的動機，對他們的自律能力和整體發展影響很大。

用人生使命判斷輕重緩急

　　時間管理即是區分事情的輕重緩急程度，這取決於你的目標設定。你認為什麼事情是重要的、急迫的，這與你的人生目標密切相關。如果你有明確的目標，你會優先處理重要的事情。如果你連目標都沒有，你可能會將時間花在不重要的事情上，導致時間流逝，但卻未產生實質效益。

　　首先要考慮的是，你人生中重要的輕重緩急事項是什麼？是家庭還是工作？而若以工作為例，一天中，你認為工作中最重要的是什麼？如果你是業務員，當然是銷售。如果你是主管，那除了銷售，還有輔導和團隊建設等重要事項。同時，你現在應該已經知道業務員的「老闆」是誰，應該將老闆納入你的時間安排。

　　更進一步，時間管理是要在輕重緩急中做出選擇，以確保你的時間投入在對達成目標有實際貢獻的事情上。這不僅適用於工作，也適用於生活中的其他層面。

　　首先，你應該有明確的目標，將注意力集中在對達成目標有實際幫助的事情上。例如，如果你是業務員，你的首要任務應該是開發新客戶，找到新的老闆。同時間，你可能需要考慮與同事

Chap5

的互動建立感情，但在這種情況下，與你的「老闆」相比，同事的重要性相對較低。當然，這取決於你所處的情境。

　　時間管理的第二個障礙是缺乏預先規劃。然而，許多人在預先安排行程時，可能會遇到一個困境，就是他們會試圖將行程填得滿滿的。問題在於，填滿你的行程內容是否與事情的重要性相符？

　　確實，填充行程可能會讓你感覺自己非常忙碌，但若其中的內容並不是真正重要的事情，那麼這種忙碌很可能只是虛有其表。在這種情況下，你可能會被一些細微的任務所占據，而忽略了對達成目標有實際幫助的重要事情。

　　因此，在預先規劃你的行程時，你應該著重於將時間分配給那些對你目標至關重要的活動。舉例來說，我們剛才討論的老闆可以分為兩個不同的類別，一種是服務，另一種是開發。因此，當你在預先安排下個禮拜的行程時，你應該優先考慮哪一種？

先處理大石頭

想要有效地安排行程，你需要學會區分事情的重要性。在《與時間有約》這本書裡用了一個透明的大盆子來示範。這個大盆子可以代表你的時間，而裡面的沙子、泥土和水則代表著不同種類的任務。如果你把所有小的細微任務都優先考慮，你最後可能無法把重要的大事安排進去。所以，你必須先把那些「大石頭」放進盆子裡，然後再考慮其他小的事情。

對於業務員來說，「大石頭」就是要處理的新客戶、要談case的老闆。然而，同時也可能有些老闆是要做售後服務的，這些任務可能較小，但同樣需要處理。因此，在時間管理的過程中，你需要將這些不同種類的任務進行區分，並根據其重要性（石頭大小順序）進行優先排序。

以前我們的訓練方式就是這樣，透過週規劃，明確標示出哪些事情是「大石頭」，也就是你每週必須要優先處理的重要任務。這些大石頭可以是新客戶開發、重要案例的談判等。這樣的計劃可以幫助你確保你的一週內能夠有條理地安排行程，將時間分配給最重要的任務，同時也不忽略其他相關的小任務。

時間管理的核心在於有效的安排。如果你想要減少忙碌感，就需要對你的時間進行妥善的規劃。舉例來說，如果你的工作占據了你人生的三十％，那麼你可以把這個時間段劃分出來，確保你能夠專注於工作並處理必要的事務。接下來的七十％的時間，你可以進一步分配給家庭、個人娛樂、自我提升等方面。這種分配方式可以幫助你確保不僅在工作上有所成就，也在其他方面有所滿足。

　　確實，時間管理的關鍵不僅在於制定計劃，還在於執行和檢視。即使你已經制定了一個詳盡的計劃，但如果沒有持續的檢視和調整，很可能計劃會失效。

　　對於計劃的執行，檢視每天、每週和每月的行程是非常重要的。每天檢視你的計劃，確保你知道當天的任務和目標，有助於你聚焦和有效率的工作。每週的檢視可以幫助你回顧過去一週的成就和挑戰，同時調整下一週的計劃，以確保你朝著目標前進。每月的檢視則可以更長遠地評估你的進展，並進一步調整你的長期計劃。

　　另外，要記得給自己一些靈活性。有時候事情不會按照計劃進行，但這不代表計劃失敗。你可以在檢視時調整你的計劃，將

未完成的任務移到下一個適合的時間。這種靈活性能夠幫助你更好地應對臨時突發的情況。

例如現階段增員應該是我工作占比最高的，雖然銷售工作仍是我的最愛，可是我如果不把增員時間先框出來，我會有很多時候先去做銷售，剩下才做增員。事實上我目前的任務是組織發展，我就必須先增員，然後把喜歡的銷售工作排在後面。石頭的概念其實就是排序，喜歡的事一定會排擠掉重要的事。所以要先放大石頭，否則永遠會先做喜歡做的事，而不是重要的事。

確實，如果你先將不可或缺的、必須完成的事情（「一定要」的事情）放入行程，然後再填充其他的任務，你就能夠更好地平衡重要性和緊急性，避免被次要事情所排擠。這樣的方法有助於你更好地管理時間，專注於推進你的目標。

強化動機，幫我們更自律

從事保險工作的業務員都應該要保持高度的專業標準，並能夠優雅地應對各種挑戰，包括時間管理。因為我們的行動將影響著整個團隊和客戶的期望。

日本知名作家村上春樹曾說，**自律的人，把生活都過成了想要的樣子**。常常業務員在會議遲到時，我罵人會特別兇，因為我深知自律對於業務員的重要性，假如連自己的時間都無法有效掌控，你如何能成為別人的顧問呢？

這就像減肥成功的人，他們的意志力常常是取得勝利的關鍵因素。我自己也曾經面臨過體重的挑戰，當初我試圖尋求醫師的幫助。然而，我逐漸意識到，單純依賴醫生開的藥物是無法真正解決根本問題的。我需要更強大的意志力，而不僅僅是依賴外在的幫助。這個領悟促使我認識到，意志力才是掌握自己生活的關鍵，無論是養成健康的生活習慣還是應用在我們的業務上。

一個擁有強大意志力的人，不僅在業務上會更加成功，同時在生活中也能夠更好地掌握自己的方向。因此，當我看到有人在追求成功的過程中，能夠展現出意志力的力量，我深信他們不僅

能夠在保險業取得成功，也能夠在其他領域獲得卓越的成就。

不過根據研究，意志力也是有極限的。當我們持續不斷地使用意志力來應對各種挑戰和誘惑時，我們的意志力會逐漸耗竭。舉例來說，如果我們一直努力用意志力抵抗美食的誘惑，最終可能會達到一個崩潰的臨界點，讓我們放縱地大吃特吃。因此，我們需要更有效的方法來管理和應用我們的意志力。而動機，就是關鍵因素。

找出每件事情的「為什麼」，能夠幫助我們發現內在的動機。這內在動機比單純地依賴意志力更持久也更強大。如果我們了解某人為什麼想要努力學習保險知識，或者為什麼他們想要在業務上取得成功，我們就能夠針對這些動機來設計更有效的方法和策略。這不僅有助於減少意志力的耗竭，同時也能夠提升動機的推動力，使人們更有可能達成他們的目標。

透過深入了解我們的內在動機，我們可以建立起更穩固的意志力基礎，將其應用於業務和個人成長中。因此，無論是在追求保險知識的學習，還是在業務拓展的過程中，內在動機將成為我們持續進步的強大引擎。

Chap5

肯定對方：
以退為進溝通的藝術

在帶領團隊的風格中，我主張理性與感性兼具，甚至處理事情時以理性為主要思維，才能在保險業務的戰場上策畫出充滿智慧的布局。因此，當我確信某些決策是絕對且必要時，我會毫不猶豫地排除感受性的思考，做出理性與果斷的抉擇。

在這過程中，或許是身為主管的使命感，以及不斷經歷的考驗，會讓我越來越理性，這種心態的轉變讓我解脫了束縛，感受到更大的自由，真正以利他為出發點。

然而，我的同事們都明白，在實際生活中，我是一個極度情感豐富且充滿感性的人。但當涉及管理和領導的話題時，我卻以極度理性的態度出現。這已經成為他們對我的價值判斷。正因為我始終保持客觀中立，才能夠在主管的角色中不被挑戰。

身為主管，我必學習課題分類，幫助保險業務員管理客戶需求、風險評估、理賠流程等多種不同類型的工作，使他們可以更有效地分配資源、制定計劃，以及確保重要的事項不被忽視。同樣地，我期望讀者在閱讀完這本書後，能夠培養出理性不優柔寡斷能力，更有效地處理和解決眾多的工作任務和挑戰。

今天某個業務看了這本書，進來做業務以後，他也有能力去教導別人，那是因為他一開始就看到了正確的觀念。就好像一國的領導人，在關鍵時刻做出正確的決斷是至關重要的角色，而不能為了他個人的利益（可能是自己的親人或好友）而優柔寡斷，以免危害到整個國家。

在一個團體中，我認為大多數人決定了少數人的方向，所以在帶領團隊時，從來不會為了我的丈夫、我的家人犧牲團隊的權益，這個價值觀很明確，從我的行為中他們也能看得出來，所以心服口服。即便我自己生病了，我應該做的也一定會去做，沒有藉口。所以他們服從我的理由是因為相信多數人的權利會決定團隊的未來，絕不會因為個人利益而有例外。如果領導者能這樣區分，就會有大愛，不是小愛，是利他不是利己。

讓團隊服從你的理由是什麼？就是由多數人的利益來決定未

來方向。一家公司如果沒有辦法做到三贏，這個公司也不會長遠。而維持三贏的關鍵，就是大家都願意退一步為別人思考。

我有一次寫 Facebook 的帖子說，三贏的關鍵就是**利他**，而利他就是**無我**，也就是大家都要各退一步。無論誰前進一步都不會贏，所以要各退一步。實際上以退為進是一種智慧，退一步先幫自己爭取空間，你才有緩衝的餘地可以前進。人說無懼則剛，無慾則剛，就是這個道理。當你因為恐懼而躁進，你就輸掉了智慧。

尊重他人，才能獲得尊重

有位年輕的 agent 告訴我，Tina 姐，我發現你總是能從「肯定對方」的角度來表達你的意見，這種感覺非常好。事實上當「我肯定你」，就是退一步了，因為以你為主了。

肯定和讚美等同於支持。然後微笑、柔軟，以退為進。這個底線，也是我的價值觀。這個以退為進，讓每個人都有機會發言，講完之後我再回應你。你不去否定對方，就不會讓局面一開始就僵化，先聆聽、先退讓，然後認同對方，穩住局勢，當對方一直進攻時，我就會守住底線，告訴你我不退讓的原因在哪裡。

當我一開始先認同你了，所以當我發言時，自然而然你也會認同我，會聽我說。

怎麼做到？兩個字「尊重」。在業務單位的每個人都有資格也有能力發言，雖然不見得他說的都是對的，但是我們一定要讓他有機會說，這就是尊重。在輔導中，這點非常重要。

很多人都說「我是為你好」，可是你有尊重他想要的嗎？你必須尊重對方也有自己的選擇。我們可以聽聽他的角度與我們的角度有什麼不同。否則你沒讓他說，或是認為你比他懂，他的言論根本微不足道，就算小業務員他什麼都沒說，實際上心裡已經開始排斥了。

尊重是一個人重要的內在特質，唯有能尊重他人，才能獲得別人的尊重。很多一枝獨秀的人最缺乏的就是尊重他人。

我覺得現今這個社會缺乏正向的思維。所以我希望這本書的核心價值能夠給予他人希望，帶來正向的影響力，並且要創造一個無懼無憾的人生，透過這本書讓大家找到力量，讓很多人不用恐懼，也不要有遺憾。

生命的奇蹟：
輔導的力量與啟發

在我才年過半百不長不短的生命中確實驗證了許多奇蹟的存在，其中也包括出書。因此，我深信每一次的阻礙都是為了轉化為我的動力，因為我擁有積極的態度，我的理念是值得分享的，並且可以讓更多人了解這個信念如何有助於他們的生活變得更好。

有一位業務員在還未加入保險行業之前，在圖書館看到了《贏在真誠》這本書後，竟透過 Facebook 私訊與我聯繫，詢問是否我就是作者，以及要確認我是否還在？一開始我以為是詐騙集團不予理會，但在進一步交流後，我們便約在圓山花博附近的星巴克見面。

我們聊得很盡興，可以說一見如故、相見恨晚，然而即便投

緣，她也並未立即加入保險行業，而是隔了一年才成為我的伙伴。更可貴的是，她住在中壢，每天的通勤時間要兩、三個小時，這樣的決心，正因為我推廣「人生總分給付制」的書而結緣呢！

距離《贏在真誠》初版至今十三年來，我持續地進行技術和知識的分享，我希望能夠將如何成為一個全方位的保險業務員分享給大家。我們的目標不應該僅僅是為了個人利益而做保險，更應該讓每個人在從事保險業務時都能夠充分展現自己的專業，幫助更多家庭，同時要符合 MDRT 全人生活的理念。

我在四十五歲時經歷了生死交關的腦部大手術，這次的經歷讓我更深刻地理解人生的無常，同時也見證了奇蹟真實的存在，讓我在痊癒後有機會到處分享這段經歷。在此之前，還有一件更令我感到不可思議的事。

大約手術的前一年，ING 安泰的政策變得相對嚴格，採精兵制，希望將一些弱體單位合併成大單位，以節省管理成本，創造培養優質人才。當時因為我不斷推廣「人生總分給付制」的信念，在全台北、中、南各處分享全方位責任的角色，這個因緣際會，打動了兩位主管帶著團隊來找我，讓我的團隊成員在短短一個月內從五十四人擴增至一百零四人，這種增員的速度絕對是空

前絕後的奇蹟。

團隊突然來了一群陌生人，真正考驗主管整合的功力。在這段時間內，我除了努力整合「親生的」和「領養的」團隊成員，以確保每個人都得到平等的對待。過程中，我特別努力讓他們明白互相幫助是至關重要的。同時我們也一邊在團隊績效奮戰，我們很快的就回到前三名，恢復了團隊的優異成果，這也得益於我們共同的核心價值觀。因此，我告訴團隊，重視自己的總分而不要去計較別人的分數，因為每次幫助他人都是為自己加分。

我帶領團隊時，全都遵循著「人生總分給付制」的觀念，因此我們很少遇到大問題，也不會出現亂七八糟的狀況。這是因為團隊成員都明白，每個人都應該管好自己的人生分數，假如因為計較而導致自己也有不好的行為時，最後也一定會扣自己的分。有了這個管理概念和核心價值，帶領團隊變得非常順利，而且團隊的規模也隨之不斷擴大。這也印證了沒有規矩成不了方圓的道理。團隊內部紀律越嚴明，成員也會越自律。

兩年前，公司緊急需要遞補一個部長的職位，希望我接任，我當下毫不猶豫地答應了，一口氣接下了二十個單位的業務管理工作。

一開始，我並未強調業績和效益，而是專注向團隊傳達「人生總分給付制」的理念，以二十分鐘的時間，親自與每個單位溝通交流。而當時交給我的大團隊，各項績效是排在倒數的，但我並沒有要求他們立刻改善業績，或要支持區部，而是讓每個人都明白，每個人都應該為自己的角色努力加分。結果在短短幾個月內，從倒數第二名迅速上升至前幾名。

　　現在回想當時的心情，其實我對接下新任務是毫無畏懼的，為了團隊的利益，我接受了部長的職位，即便報酬並不多，要處理的事務也很多。但我不辜負自己，因為我深信「人生總分給付制」的運作原理。

　　這段經歷教會了我，成功不僅是個人的追求，更是群體合作的結晶。在擔任部長期間，我學會了更多的領導技巧，更重要的是，我理解到成功是建立在團隊互信和共同目標之上的。每一個步驟、每一個決策，都要為了團隊的前進而努力。

　　這段經歷也讓我更加堅信，我們所付出的努力，都將在未來的某個時刻得到回報。正如「人生總分給付制」的概念，我們所付出的努力、耐心和決心，最終將化為累積的成功與成就。

保險的價值與意義

　　長期以來，保險的價值未能受到足夠的重視。這種情況常常是因為我們容易忽略了我們在其中的角色。我們不能僅僅是情緒上的勒索者，不能自己判斷對方有需求就賣保險給他。我們不能在客戶自己沒有意識到病情（有困難）的情況下，貿然地將保險推銷給他們，就像醫師不能在病人沒有病徵的情況下開立藥方。保險也不應該是為了空洞的生、老、病、死、殘等情況而存在。因此，我們無法期待在這種情況下獲得潛在客戶的關注。

　　想要證明保險行業的市場存在價值，我們可以從一些現實存在的理由來著手。試想為什麼健保是必要的，假如民調是否該取消健保，相信大多數人是不贊同取消的。其中的原因正是保險的存在價值，因為健康問題可能隨時影響到我們，而有了健保，我們能夠在需要的時候得到醫療照顧，這也是為什麼我們不願取消健保的原因之一。

另一個例子是強制責任險，政府為什麼要求人們購買這種保險呢？因為這種保險的目的是保護他人不會因為別人不負責任的行為所影響。這展現了保險的存在對於社會安定的重要性。

然而，保險的真正價值在於能夠在需要時提供保障，但我們要怎樣讓尚未發生的事情呈現在客戶面前呢？這就需要具備一定的技巧。當客戶尚未感受到生病或老年等風險時，我們需要透過提問來引導他們思考，而不是以威脅的方式來刺激。這樣的能力需要具備一定的技巧，讓客戶在還未出現症狀的情況下，意識到保險的重要性。

簡單來說，保險的價值在於它能夠幫助我們在風險發生時分擔損失。如果我們沒有保險，所有的風險和損失都需要自己承擔，但有了保險，我們能夠將這些風險分散，由保險公司幫助我們承擔一部分的損失。這也意味著我們不再需要自己扮演保險公司的角色，而是透過保險業務員將這個風險轉嫁給專業的保險公司。

我們的目標是要讓客戶明白，保險不是針對已經發生的事情，而是為未來可能發生的風險提供保障。這種能力需要提問的技巧，而非恐嚇或強制。因此，我們的角色，就需要充分展現這

Chap5

種技巧，並透過有效的對話，讓客戶真正意識到保險的價值。這樣，我們才能以專業的方式引導客戶作出明智的決策。

保險行業的存在價值體現在它能夠幫助我們在面對風險和損失時得到保障，同時也為社會的穩定和安全作出貢獻。無論是健保還是其他形式的保險，它們都在我們的生活中扮演著不可或缺的角色。

提升保險業務員的價值與社會地位

一般業務員在行銷中常常使用兩種手法，一種是恐嚇，另一種是利用。恐嚇手法是預期某些不好的事情會發生，以產生恐懼感，進而推銷保險。另一種則是利用客戶的需求，說明購買保險商品可以帶來的好處。然而，這些手法未能提升保險的崇高意義，反而讓保險變得毫無價值。

相反地，如果我們能引導客戶自行思考這些問題，探討人生不同階段的目標和價值，包括養育子女以及賺錢的目的，是為自己還是為他人，這樣的方式就與一般的業務手法有所不同。我們不需要恐嚇客戶，而是運用技巧，讓他們能夠自行面對人生中存在的盲點，並願意透過保險來預防及準備。我們之所以常提到盲

點，正是因為人們往往不想面對問題。

　　舉例來說，在日漸惡化的大環境中，我們並無法隨時察覺自己是否有罹癌的風險，而且總會認為這不會發生在自己身上。然而，從報章雜誌及真正的罹癌數據上，我們相信任何人都可能面臨此風險。這種認知讓我們更有可能理性購買保險，因為我們意識到自己可能是下一個需要保障的人，而不敢輕忽風險。即使只買一張五百萬的保險，我們也能認定它的價值。

沒有所謂的銷售天才

　　有些人對保險的看法仍停留在「拉保險」的層面，認為保險是無形的商品，透過迅速的銷售即可獲得高報酬，而忽略了其中的專業性。因此，有些人會選擇轉向財務分析，成為顧問，期望提升自己的社會地位。然而，即便一些人選擇了更具專業性的角色，但保險本身仍是一種無形且無法體驗的規劃，所以仍具備相當的挑戰性。

　　專業無關忽學歷的高低，而是看你是否努力讓它發揮成為你的資歷。因此，努力加上學識在這過程中都是相對重要的因素。每一件事情的結果是正面或負面，也取決於你的價值觀以及人生

觀，這將指引你的方向和未來。

　　我或許稱得上是頂尖業務員，但我並不是天生具備這些能力。然而，我們可以看到各行各業能站上台的傑出人物，他們也都並非天才。但是，他們之所以能夠出類拔萃，第一是因為他們努力不懈地學習，第二是他們掌握了大量的技術和知識，這使他們能夠由 A 到 A+，從平凡變為優秀。而且，更重要的是，在銷售領域，根本不存在所謂的銷售天才。那些看似天才的銷售員其實都是經過努力和培養的，他們願意不斷努力，並將自己的潛能轉化為實際的成就。

　　所以，如果你認為做保險是被迫去追求成功，那麼你就會覺得很累。相反地，我做保險從來不覺得累，是因為我認為保險是我的天命，這個工作太重要了。保險在社會中扮演極重要的角色，所以我希望人們對保險有正面的認知。我的孩子現在都在美國頂尖企業服務，他們所受的高等教育都是來自於我這輩子在保險業努力付出的所得，所以我熱愛我的工作，更讓我的客戶尊重我的工作。

人生越努力越幸運，越工作越自由

如果我們能夠時時察覺，就會明白生活中的許多事情並非毫無意義，但大多數人對於各種活動只是機械式地過著，並未真正體會其中的美好。舉例來說，進食並非只是填飽肚子，它可以是一種享受。

帶領團隊就如同經營夫妻關係一樣，雙方應該一起成長。我們不能忽視彼此的成長速度，因為如果一方覺醒，而另一方依然處於沉睡狀態，這可能會導致夫妻關係的不和諧，團隊步調不一致。因此，互相關注並且共同成長是維持健康關係所需的。這樣的心態將帶來更豐富、更有意義的生活。

我希望壽險行業能在社會上擁有更高的價值和地位，而不僅僅是一個推銷保險的業務員角色。我深信這個使命，也把保險當作是終身的事業。

因此，我們應該學會活在當下，充分體會每個瞬間的價值。否則只是在生活中行屍走肉，失去了對於生命的深刻體驗。對於保險的熱愛我三十年來始終如一，我也深信人生越努力越幸運，越工作越自由。

Chap5

企管銷售 59

一枝獨秀更要團隊優秀

比增員更關鍵的事

- 作者　　　　史淑華
- 主編　　　　鄭雪如
- 美術設計　　張峻榤

- 發行人　　　彭寶彬
- 出版者　　　誌成文化有限公司
　　　　　　　116 台北市木新路三段 232 巷 45 弄 3 號 1 樓
　　　　　　　電話：(02)2938-1078 傳真：(02)2937-8506
　　　　　　　台北富邦銀行 木柵分行（012）
　　　　　　　帳號：321-102-111142
　　　　　　　戶名：誌成文化有限公司

- 總經銷　　　采舍國際有限公司 www.silkbook.com 新絲路網路書店

- 出版 / 2023 年 12 月 初版一刷
- ISBN / 978-626-96030-8-4(平裝)
- 定價 / 新台幣 400 元

國家圖書館出版品預行編目 (CIP) 資料

一枝獨秀更要團隊優秀：比增員更關鍵的事 / 史淑華著 . -- 臺北市：誌成
文化有限公司 , 2023.12

232 面；17*23 公分 . -- (企管銷售；59)

ISBN 978-626-96030-8-4(平裝)

1.CST: 保險業 2.CST: 保險業管理

563.726　　　　　　　　　　　　　　　　　　　　112020686